自然と遊ぼう

森の楽《がっ》校《こう》

小林 毅

スダジイの林

森に入ろう

どっさり森の本を読んだって、森の絵や写真をながめたって
ホンモノの森の楽しさには、ぜったいにかなわない。
だから、森に入ろう。森に入って、森と遊ぼう。

森には、楽しいことがいっぱいです。森の中は、おもしろいことや不思議なできごとにあふれています。

「エーッ、ほんとうにそうなの？ そう思えないけどなあ。森は暗いし、何かこわい感じがする」

と思うかもしれませんね。でも、森の魅力《みりょく》を発見するのはそんなに難《むずか》しいことではありません。自分自身がもっている感性《かんせい》を、森の中でほんの少しはたらかせればいいだけなのです。

「じゃあ、どうやって？」

その言葉を待っていました！ この本はあなたのように、森には関心があるんだけど、いざ森に入ってもそこでどう楽しんだらいいのかよくわからないという人に、

「ふ〜ん、森に行ってみようかな」

と思っていただきたいと願って書いたからです。

明るい雑木林

コナラ、クヌギの林

アカマツの林

森に入って楽しいことは、なんといっても遊ぶことです。森でたっぷり遊ぶことができれば、心や体がのんびりすることができ、リフレッシュすることができます。そして、自分を開放したり再発見《さいはっけん》したりすることができるでしょう。学ぶということも、自分が成長していく、ということだ、と考えると楽しいことです。それらをあわせて、「遊びながら学ぶ」という考えかたはいかがでしょう？　森の中で楽しく遊ぶことができるようになることが、楽しく学ぶことでもある、というようにつながるといちばんいいですね。

　森はそういった素材《そざい》をたくさん提《てい》供《きょう》してくれます。森が遊び相手になれば、少しは森のことを知りたいと思うようになることでしょう。遊び相手の友だちの名前を知りたくなるのと同じことです。森といえばどんな森も同じに見えていたのが、写真のようにいろいろな種類の森があることに気づくことにつながっていきます。森はどの季節も同じではなく、季節ごとにおもしろい現象《げんしょう》がたくさん待っていることもわかるようになります。森のことを少しずつ理解《りかい》してくると、ますます森に出かけるのが楽しくなります。

ぜひ自分流の森の楽しみかたを発見しましょう。自分の得意とする森とのつきあいかたを、ぜひ見つけだしてください。森を友だちにして、心豊《こころゆた》かに生きていくことができるようになるために、この本が活用されることを願っています。

コメツガ、シラビソの林

目次

森で冒険

大人たちへのアドバイス

森の住人たち

森が子どもを育む

自然のことを「知っている」子どもたち

　私は自然公園にあるビジターセンター（自然体験活動の拠点施設）で仕事をしているので、子どもたちと接する機会がたくさんあります。子どもたちと自然の話をしていると、じつにいろいろと知っています。

　昆虫博士のような子ども、ランのような特定の植物についてとてもくわしい子ども……。こちらから何か自然についての話をすると、「知っているよ」と言います。でも、「見たことがあるの?」と聞くと、「テレビで見た」という答えがほとんどです。昆虫博士も、実際に昆虫を見たりさわったりしたことがあるわけではなく、図鑑や本で知っているだけなのです。

　テレビや素敵な絵本などで自然が紹介されることはすばらしいことです。しかし、そこには実際の体験、直接体験がないのです。自然の不思議を知るためには、まず疑問を抱き、それを知るためにはどうしたらいいのか考え、観察する、という手順があります。それは実際にやってみると簡単なことではなく、アイデアをひねり出したり、じっとがまんしてその場で待つ、ということが必要なのですが、映像や本ではなかなか伝えられません。そういった直接体験をとおして発見したことは、なにものにもかえがたい喜びがあるのに、そのことも知らずに成長してしまうのでしょう。

子どもたちは自分で発見できる

　では、子どもたちに対して何をしたらいいのでしょう? 私たち大人の役割、とくにはじめの関わりは、子どもたちに体験の機会をつくることでしょう。森の中に出かけていって、いっしょに自然体験をすることです。森の中に入る機会をつくることです。森の中で何をしたらいいかわからなければ、この本を参考にしてみてください。

　しかしたいてい、子どもたちは自分で森の楽しみを発見します。そして、下のイラストのように「やったことはわかる」ようになるし、「見つけたことはできる」ようになるのです。子どもたちのこういった瞬間を見逃さずに、声をかけるなどして受けとめることが大人の役割です。大人がいっしょにいてくれるだけで、子どもたちは「これをしていていいんだ」と感じます。自分で発見する能力を引き出すことが、総合的な学習の時間に求められていることでもあるのです。

森で自然体験

　森には多様な生物が生息しています。そしてその生きものたちは、お互いにさまざまな関わりを持っています。「食べる・食べられる」という関係もあれば、お互いに利用しあっている「共生」の関係もあります。こういった生きものどうしの関係は、単純ではなく複雑にからみあっているものです。森における自然体験は、こういった複雑な関係を「まるのまま」体験することといっていいでしょう。すでに解き明かされた回答を知識として得るのではなく、五感をフルに使って、あるがままの自然を感じることこそが、自然体験の醍醐味なのです。

　森の中には、おもしろいと感じるものがたくさんあり、不思議を発見したり、疑問を解決したりする力を発揮するのにふさわしい材料がたくさんあります。森の中で子どもたちが自然体験をすることは、自らの力でさまざまな問題を解決していく「生きる力」を養うことにつながります。森が子どもたちを育むのです。

　この本が、子どもの成長のために何をしたらいいのか悩んでいるご両親や学校の先生にとって、森で子どもに自然体験させるきっかけとなれば、これ以上の喜びはありません。

見つけたことはできる
やったことはわかる
見たことは覚える
聞いたことは忘れる

森で遊ぶ

森の楽校ってどんなところ?
たっぷり遊んで、考えて
森を楽しむセンスをみがくところだ。

気持ちのいい場所を見つける

森をぐるり見わたすとなんとなく心ひかれる場所がある。そこが森へのとびら、マジックスポット。

森を楽しむためには、自然の知識《ちしき》もだいじだけど、感性《かんせい》のほうがもっとたいせつだ。

ふた股《また》に分かれた道で、なんとなくこっちに行きたいな、と思った経《けい》験《けん》ってないかな？　それって、感性で自然のメッセージを聞いているってことなんだ。気になる方向や場所に身をまかせてみよう。自分の感性を信じることから始めようよ！

探《さが》すのではなく感じる

額《ひたい》にしわよせて、一生懸命《いっしょうけんめい》探したりしちゃダメ。心がぴーんと緊張《きんちょう》していては、見つかりっこないよ。なあんとなくまわりに気をやって、なんとなく感じるのがコツだ。肩《かた》の力をぬいて、リラックス、リラックス。

森が呼《よ》んでいる

気になる方向や場所があるということは、自分の感性が森と話をしはじめているんだと考えていい。森は、いつも私《わたし》たちにたくさんのメッセージを発信している。なかなか気がつかないのは、私たちがそれを受けとる準備《じゅんび》ができていないだけなんだ。気持ちのいい場所を見つけられるようになろう。

見えないものが見えてくる

マジックスポットでしばらく過ごしていると、不思議、不思議。それまで見えなかったものが、だんだん見えてくるようになる。まるで、秘密《ひみつ》のとびらが開かれたかのように、さまざまな自然が、つぎつぎと目に飛びこんでくるようになる。森が何かを語りかけているんじゃないかと感じられたら、しめたものだ。

マジックスポット

とても気になる所というのは、心をさらにリラックスさせてくれるし、とても気持ちがいい場所でもある。こういうポイントを「マジックスポット」と呼ぶんだ。森に入ったらまず、自分のマジックスポットを見つけ、そこでしばらく過ごすことをおすすめしたい。

森に体をなじませる

マジックスポットを見つけたら すわる、寝《ね》ころがる、そして、森を深呼吸《しんこきゅう》。 ほらほら、体が森にとけこんでいくぞ。

マジックスポットでは、何も考えずにしばらくじっとしていよう。日《にち》常《じょう》のいそがしさを、森にもちこまないように！　森には森の過《す》ごしかたがある。それを体が感じるまで、のんびりと過ごそう。

自分の好きな、楽な姿勢《しせい》で、目をつぶり、しばらくしてゆっくり目をあけてみるといい。最初に見た森と、ちょっと違《ちが》う森が見えてくるはずだ。

呼吸《こきゅう》を意識《いしき》する

意識しながら呼吸してみよう。鼻から息を吸《す》って、口から静かにはきだしてごらん。しぜんに、ゆっくりと。ごくあたりまえの呼吸も、あらためて意識してみることで、森の呼吸の波長も感じられるようになる。

バリアを解除《かいじょ》

自分のまわりは、日常の時間の流れや価値観《かちかん》のバリアにすっぽりおおわれている。このバリアをはずさないと、自然のメッセージは自分までとどかない。森の時間、森のペース、森のリズム、森のルールに、体を、心を少しずつゆっくりとなじませていこう。しぜんとバリアは解除される。

体が森にとけこんでいく

森の色や森の音、森のにおいが、体にしみわたっていく。ともすると、森と自分の体の境目《さかいめ》がわからなくなってしまうことだってある。体がすっかり森になじんだ証拠《しょうこ》だね。

森からのメッセージ

森からのメッセージは、心で聞くものなんだ。むずかしく考えなくてもだいじょうぶ。体が森になじんでくると、ふとアイデアがわいてくることがあるだろう。それが、森からのメッセージじゃないかな。

のんびり過ごすのに、本を持っていくのもいい。字が大き目で、字数が少ない本がおすすめ。レイチェル・カーソンの『センス・オブ・ワンダー』なんて最高！

なんといっても、ハンモックは気分最高！　絶対《ぜったい》におすすめだ。すぐに体の力がぬけて、森になじめる。夏は、蚊取《かと》り線香《せんこう》を忘《わす》れずに。

20分ほどじっとしていると、自分の気配すら消えてしまうことがある。野鳥や動物が近づいてくるかもしれないよ。ただし20分間じっとできたらね。

木にのぼれ！

**木の感触、木の上からのながめ
木のぼりのおもしろさは
自分でのぼって、はじめてわかる。**

木を見たら何を考える？　木の名前なんて考えちゃダメ！　まずは木に、だきついちゃおう。樹皮《じゅひ》にさわってみよう。そして、どうやったらこの木にのぼれるか考えよう。なんとかと煙《けむり》は高いところにのぼりたがる、というけど気にしない。

木を見たらのぼれ！　これ鉄則《てっそく》。私たちの祖先《そせん》は、木の上で生活していたのだ。まずは、トライ。

てっぺんから見下ろした森

のぼりやすい木 むずかしい木

斜《なな》めに立つ木、低いところに枝がある木、ふた股の木などはのぼりやすい。つるんとして、とっかかりがない木、枝が高いところにある木はむずかしい。のぼるよりも、おりる方がむずかしい。

木の感触《かんしょく》を楽しむ

木の肌《はだ》がツルツルなのはリョウブ、ザラザラなコナラ、トゲトゲがあるのはハリギリ。木それぞれの、特徴《とくちょう》ある感触を楽しもう。ナツツバキは、さわるとひんやりと冷たく感じる。

なん人かで協力しあってのぼるのもおもしろいし、ひとりでがんばってみるのも楽しい。

木にぶら下がり、ぶうらぶら。身をまかせてみよう。

木にのぼると視《し》点《てん》が変わる

高いところにのぼると視点が変わり、ふだんと違った世界が見えて、これまたおもしろい。木の上で生活する生きものたちの気持ちだって、わかるようになるかもね。

葉っぱで遊ぶ

**森といえば木、木といえば葉っぱ
森はいろんな葉っぱであふれている。
とことん遊んで、葉っぱ遊びを極めよう。**

森の中の遊びにもいろいろあるけど、葉っぱを使った遊びはとびっきりおもしろい。思いっきり遊んで、楽しんじゃおう！　葉っぱ遊びをしているうちに、自然と葉っぱにふれ、葉っぱをじっくり観察し、結果として葉っぱのことがよくわかるようになる。遊び方はたくさんあるけど、自分たちで遊びをつくってみるのもおもしろいね。ただし、みんなが遊びのルールをきちんと理解《りかい》していることがたいせつだ。ルールづくりも遊び心で！

葉っぱのぞき

虫たちのあけた穴《あな》がある葉っぱを探し、穴から景色をのぞいてみよう。風景の一部が切り取られて見えるので、自然のおもしろさを発見する方法としてもおすすめ。

葉っぱじゃんけん「葉っぱっぱ」

まず、ひとり5枚《まい》ずつ葉っぱを集めてきて二人組になる。つぎに司会者が「ギザギザの葉っぱ」「おもしろい形の葉っぱ」などお題を出す。背中合《せなかあ》わせで自分の「持ち葉っぱ」から手を決める。「葉っぱっぱ」のかけ声で見せあい、勝つと相手の葉っぱをもらえる。次は新しい二人組で勝負。5回戦。多い人が勝ち。

葉っぱ並べ

いろいろな葉っぱを拾ってきて、形の大きい順、色のグラデーション、ジグソーパズルのような組み合わせなど、テーマを見つけて並べる。ふた組に分かれ、秘密の法則《ほうそく》で並べて、法則を当てっこしても楽しい。

葉っぱファッション

ぴたっと洋服にはりつく葉っぱ（カラムシなど）などを使って着かざってみよう。ビニール袋《ぶくろ》の上に葉っぱをはって、頭からかぶり、本物（?）のファッションショーもいいね。

こすりだし

葉っぱの上に薄《うす》い紙を置いて、その上からクレヨンや色鉛筆《いろえんぴつ》でこすってみよう。葉っぱの形や葉脈が上手に写し出されて、楽しいお土産ができる。これを使って図鑑《ずかん》を作ってもおもしろい。

落ち葉のプール

新しい落ち葉がたくさんたまっているところでもいいし、わくを作ってその中に落ち葉を放りこんでもいい。こうなったら、もう飛びこむしかない。泳いじゃえー、もぐっちゃえー。

自分だけの宝箱をつくる

好きなものをあれこれ集めた自分流「森のコレクション」。こだわるなら徹底的《てっていてき》にこだわるべし。

森の中には宝物《たからもの》がたくさんある。森の宝物を集めて箱の中に並《なら》べるだけで、みんながあっとおどろく宝箱《たからばこ》ができあがる。仕切りがある箱（ルアーボックスなど）をひとりひとつずつ持って、森の中にでかけてみよう。宝物をつめた箱を見せあいっこしたり、じまんしあったりすると楽しいよ。人数が多いときには、グループごとに相談しながら集めてみよう。

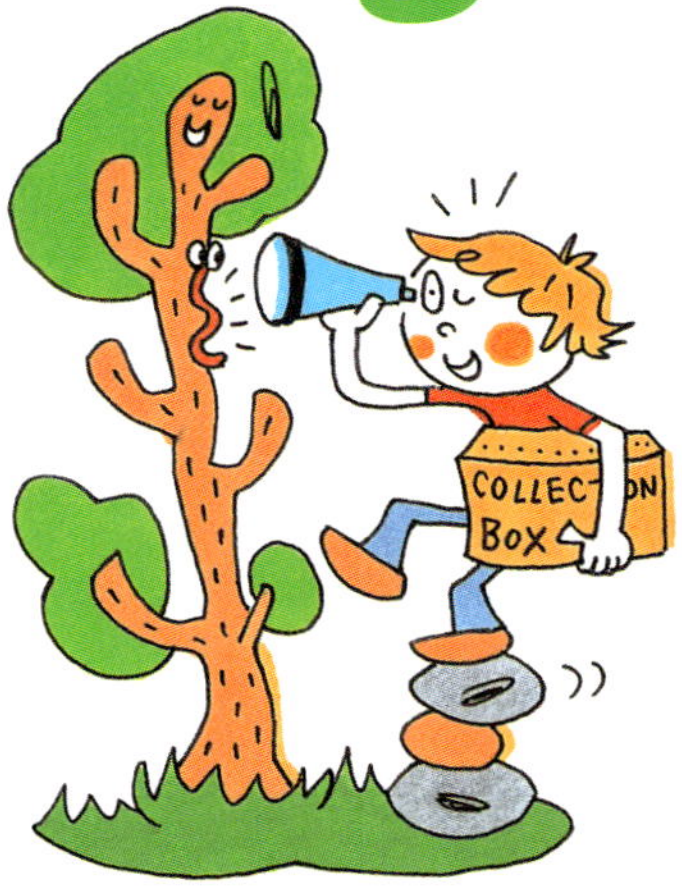

テーマを決めよう

宝物を集めるときに、何を集めてくるのかテーマを決めよう。おもしろい形のもの、不思議なもの、落ちているもの、いろいろな形、木の実・草の種《たね》、季節を感じるもの、など、テーマはなんでもいい。年齢《ねんれい》や自然体験によって、テーマの難《むずか》しさを変えてみると集めやすい。

こりゃなんだ？　不思議な形をしているね。もともとはマツボックリだったんだよ。だれのしわざだろう？（答えは78ページ）

卵型《たまごがた》のケースに入れてみた。こうしてみると、上からも横からも下からも見ることができる。たくさん並べてみても、楽しそう！

動物のウンチのコレクション。くさい、というなかれ。しっかり乾燥《かんそう》させてから、ケースに入れよう。

四季のコレクション

異《こと》なる季節に、同じテーマで同じように集め、比《くら》べてみよう。まったく違ったコレクションになって楽しいよ。また、ひとつの入れ物に春・夏・秋・冬の違った季節に拾ったものを並べると、季節の変化をつめこんだ宝箱になる。作るのに時間がかかるけど……ね。

可愛《かわい》らしいあき箱やケースがあったら、その中に並べてみよう。ちょっとした入れ物に入れてみるだけで、また別の楽しさが見つかる。

森の思い出

いろいろな入れ物に、入れ方を考えながら宝箱を作り上げていると、森の思い出がよみがえってくる。これはこんなところで拾ったなあ、こんなところに落ちていたなあ、ってね。忘れないうちに、そんなメモをつけておくといい。

しゃれたビンの中に、拾い集めた種などを入れて並べてみよう。ビンごとに入れるものを変えると、ちょっとすてきなインテリアになる。

ぐちゃぐちゃ派《は》？きれいに見せる派？

デザインのセンスがいいほうだと思うかい？　それとも、自然のなりゆきに任《まか》せるタイプかな？　どっちでもいい。せっかく拾ったものだから、それをかざって、見て楽しむ気持ちをたいせつにしたい。だれかに見せる、というのも楽しみのひとつ。見せっこして、ほめあおう。

CDのケースやMOのケースの中に、拾ったものを入れてみた。葉っぱや種など、種類ごとに集めたらかっこいい。

クラフトのお店に行くと、いろいろな透明《とうめい》ケースが見つかるよ。同じ大きさのケースに入れて並べると、楽しそうだ。

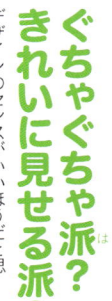

森をかじる 森を味わう

気になる葉っぱ、おいしそうな実
あまいか、苦いか、すっぱいか。
勇気をだして、ちょっぴり味見だ

森の楽しみ、醍醐味《だいごみ》といったら、やはり衣食住に関すること、とくに食べること、味わうことだろう。森の中には、いろいろな味がある。あまいもの、すっぱいもの、苦いもの、えぐいもの、なんの味もしないもの。そしておいしいもの、まずいもの……。

しかし五感を使う自然観察の中でも、「味わう」という活動はなかなか紹介《しょうかい》しにくい。まちがって口にすると中毒したり、ひどいときには死んでしまったりする場合があるからだ。ううむ、やっぱり最初は、森にくわしい人に教えてもらうべし。そのうちに、自分でも種名が判別《はんべつ》できるようになり、だんだん楽しくなる。

だいじなことは、食べられるからといって、いちどにたくさん食べないようにすること。口に入れてちょっと味わったあと、はきだして口を水でゆすげば、まずだいじょうぶ。慎重《しんちょう》に、試してみよう。

【ツバキ】
おしべをぬいて、その根元にある蜜《みつ》をなめてみよう。新鮮《しんせん》なものがいい。

【モミジイチゴ】
6月に熟す。通称《つうしょう》「キイチゴ」という。これはとてもおいしい。あまさの絶品《ぜっぴん》。

【アケビ】
秋に熟して実が割《わ》れるころがいい。ツルなので手にとどくところに少ないのが難《なん》。

【ツツジ】
おしべの根元の蜜を、吸うようにしてなめてみよう。新しい花がねらいめだ。

あまい

なんといってもあまいものはいい。幸せな気持ちになる。かつてあまいものが少なかった時代は、野外のあまいものを楽しんでいた。あまいといっても時期がある。木の実だったら、やはり熟《じゅく》しているときがいちばんだ。森の動物たちの食料でもあるから、とりすぎないようにしよう。

【ヤマグワ】
6月に熟す。赤や黒い実が枝《えだ》にたくさんつく。どれがおいしいかためしてみよう。

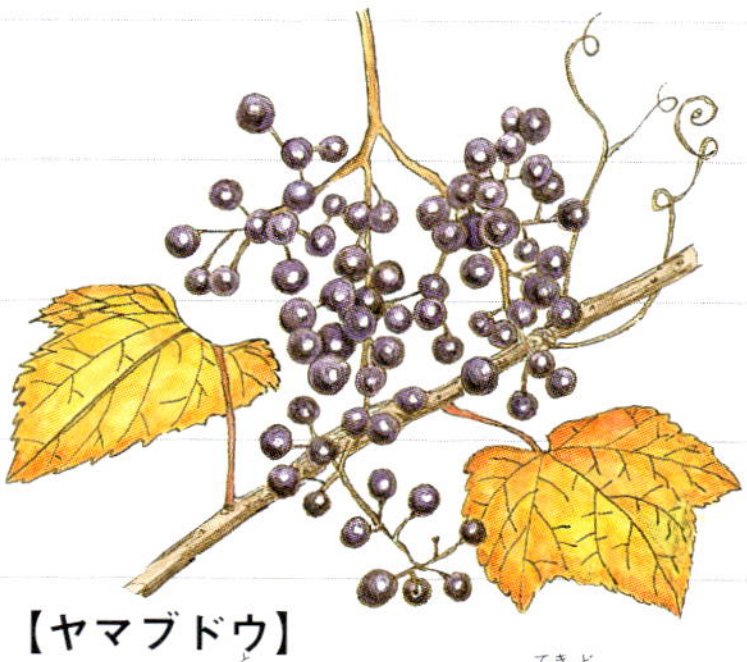

【ヤマブドウ】
秋にたくさん採《と》ることができる。適度《てきど》のすっぱみがある。果実酒にするのもいい。

すっぱい

あまいと思って食べたらすっぱかったというときは、そのギャップのために、よりすっぱさを感じるものだ。紹介したあまい木の実も、じゅうぶん熟していないとかなりすっぱいものがある。一生けんめい選んでもすっぱかったりして……。でも、これもドラマチックな森の出合いだ。

【ガマズミ】
里山でよく見かける植物。あまくてとてもおいしい、というよりは少しすっぱめ。

苦い えぐい

口に入れたら、「べぇー」と出さざるをえない味だ。コナラやクヌギなど身近にあるドングリはちょっといただけない。でも、昔の人たちは、こういった苦い味、えぐい味をくふうして食べていた。水になん日もさらして「あくぬき」をして食べられるようにしていたんだよ。

【トチ】
一見おいしそうなんだけど、えぐいといったらたまらない。ものはためしだよ！

【スダジイ】
シイと名前のつくものは、たいてい食べられる。少し炒《いた》めると香《こう》ばしくなる。

【マメガキ】
かつて柿渋《かきしぶ》をとった木。熟すとあまいけど、時期をはずすとしばらく口の中が……。

おいしい

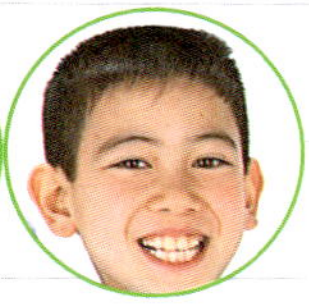

なんでも時期を選び、くふうすれば食べられるようになるし、味の感じかたは人によって違うから、それなりにおいしいものはおいしい。でも、だれが食べても「うん、これはいける」というものもある。とくに採って、拾ってそのまま食べられるものはうれしいものだ。ヤマグリなどもそのままかじってもいける。

【マテバシイ】
スダジイと同じで、食べても苦くないし、えぐ味もなく食べられる。

【ブナ】
これはおいしい。クマと争って食べるようだ。殻《から》をむくのがめんどうだけど。

【イタドリ】
若《わか》いイタドリの茎《くき》を折ってなめてみよう。少しすっぱめだけど、水分がとれる。

有毒植物

鳥や虫や動物が食べているから食べられるとは限《かぎ》らない！　十分気をつけよう。

【ドクツルタケ】
秋に出る白いキノコはご用心。これは食べたら死んでしまうほどの毒です。

【テングタケ】
テングタケの仲間も有毒だ。ベニテングタケを食べる地域《ちいき》もあるけどね。

【バイケイソウ】
ギボウシと間違《まちが》って食べて中毒する。似《に》ているものがあるので、要注意。

【シキミ】
実が赤くてなんとなくおいしそうだけど、これも中毒する。気をつけよう。

【トリカブト】
シカは花や葉っぱを食べるけど、私たちは口にしちゃだめ。根っこが猛毒《もうどく》。

自然から季節を感じる

カレンダーからではなく自然の変化で季節を知る。あたりまえなのに、かっこいい。

今年は桜《さくら》の開花がなん日早い、紅《こう》葉《よう》が遅《おそ》い、などというけれど、ほんとうは自然の移《うつ》り変《か》わりが季節なんだよね。木でも花でも、聞こえてくる音でもなんでもいい。自然の季節ノートをとってみよう。手帳に書きこんでおこう。そうすると、つぎの年にはそろそろこんなことが起きるぞ、と予想できるようになる。

ボクのフィールドノートより

（奥多摩・標高600メートル）

1月：オオイヌノフグリ、ハコベ咲《さ》く 1
1月：フジの実が乾燥してはじける（パシーンという音） 2
3月上旬《じょうじゅん》：日当たりのよい小石の下にハサミムシが卵をだいている 3
3月中旬《ちゅうじゅん》：マンサク、ヤマネコヤナギなどの花が咲く 4 5
4月上中旬：スプリング・エフェメラル（春の妖精植物《ようせいしょくぶつ》）と呼ばれるカタクリ、ニリンソウなどの開花 6 7
4月下旬《げじゅん》：ヤマザクラの見ごろ 8
芽《め》吹《ぶ》き、開花の美しい季節が始まる
5月：オトシブミの揺籃《ようらん》が地面に落ちているのが見られる 9
6月：モリアオガエルが、卵を産む 10
6月中旬：モミジイチゴやクワの実がおいしい 11
7月：スジクワガタ、ミヤマクワガタ、コクワガタ、アカアシクワガタなど登場！ 12
7月：ノカンゾウなど夏の花が咲きだす 13
8月：ネムノキの花が咲く 14
7月～8月：ヒグラシ、ニイニイゼミ、アブラゼミ、ミンミンゼミ、ツクツクボウシなどがつぎつぎに羽化し、鳴きだす 15
8月下旬：チョッキリがドングリつきの小枝《こえだ》を落とす 16

17	13	9	5	早春
18	14	10	春	1
19	15	夏	6	2
20	秋	11	7	3
冬	16	12	8	4

9月下旬：マタタビの虫えい（虫こぶ）が落ちる ⑰
10月：アケビの実が落下 ⑱
11月上旬：紅葉 ⑲
11月下旬～：あたたかい日にテントウムシが群舞《ぐんぶ》する ⑳

雨の日だけのお楽しみ

雨がふっても、森へ行こう。けっして晴れた日には見られない“雨の日スペシャル”が待っている。

雨を待って外に出てみよう。雨をきらって家にこもっていると、雨の日の楽しみに気がつかない。雨の日にだけ元気な生きものたちだっている。雨の日にだけ見られる光景がある。雨の日にしか感じられないにおいや音、手ざわりがある。雨が近づいてくる音やにおい。雨の降《ふ》りだしの風景の変化。雨の水によってつくりだされる芸術作品《げいじゅつさくひん》。雨本番、じっと覚悟《かくご》を決めたかのような森に同化してみよう。必ずしも雨をきらっているのではなく、喜んでさえいるのに気がつくだろう。雨上がりのタイミングも見逃《みのが》さないようにしたい。ちなみに、右の葉っぱの先に水玉がついている写真は雨が原因《げんいん》ではないけど、朝方見られる芸術《げいじゅつ》だ。

雨好きの生きものたち

雨にぬれるのが大好きな生きものがいる。体の表面が湿《しめ》った状態《じょうたい》でないと元気になれない生きものたち、雨が降ると生活環境《せいかつかんきょう》ができる生きものたち、晴れた日が続いたあとの雨は植物たちにも元気を与《あた》えている。どんな生きものたちに会えるかな？

【ヒキガエル】

雨が降るとどこからか姿をあらわす。道ばたの斜面《しゃめん》の下などにいるのは、落ちてくる虫などを食べようと待っているのかな？

【カタツムリのはったあと】

樹皮の上になにやら不思議なナゾの文字が……。あとをたどっていくと、そこにはカタツムリや大きなナメクジが見つかる。

【サワガニ】

もともと沢《さわ》の水の中で生活しているけど、山の落ち葉の間で見つけることもある。でも、やはりぬれたところが大好き。

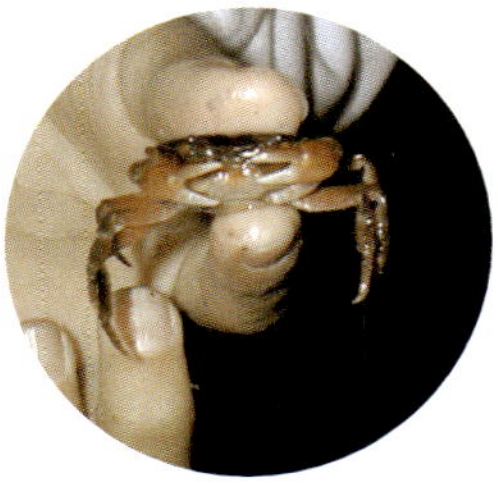

【モリアオガエル】

梅雨《つゆ》の時期に「コココココッ」と鳴き、池にかかる木の上に卵塊《らんかい》を産みつける。どうやって水のありかを確認《かくにん》するんだろう。

【アマガエル】

雨蛙《あまがえる》、というくらい雨が大好き？　田んぼの近くにある森なら、きっとアマガエルが見つかる。木の上でも鳴いている。

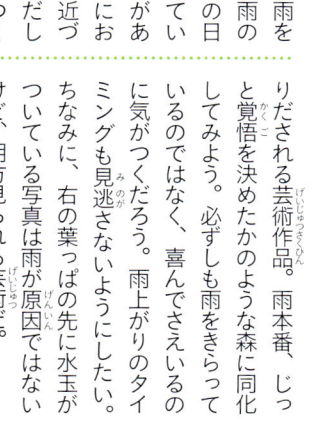

雨の音 雨のにおい

雨の音ってどんな音？ 急に聞かれる、と答えにつまっちゃうね。かわいている地面に落ちる音、雨が近づいてくる音、葉っぱにあたる音、水たまりの上に落ちる雨の音など、よく聞いて、自分の言葉で表現してみよう。雨が近づいてくるのは、雨のにおいで気づく。雨にぬれると、もののにおいはほんの少し強くなる。

雨上がり ファンタジー

雨の降りだしもドラマチックだけど、雨上がりの世界も楽しい。葉っぱや枝についている水玉を観察してみよう。水玉に映《うつ》っている風景をながめてみて！ クモの巣に並ぶ水玉は芸《げい》術品《じゅつひん》だ。水たまりに映るかげも不思議な気持ちにさせてくれる。虹《にじ》がかかる風景は、雨上がりのうきうき気分をさらにかきたててくれるね。

雪の上を歩く

雪の上を歩いてめざすは、冬の森。秘密兵器はスノーシュー。何がいるかな、会えるかな?

雪が降るとわくわくするよね。さあ、ぬれてもいいように雨具を着て、手袋《てぶくろ》をして森に出かけよう。通《かよ》い慣《な》れた森も白一色の世界になり、木の枝《えだ》にも雪がのって、なんだかおとぎの国みたいだ。雪が音を吸収《きゅうしゅう》するから、いつにもまして静かで鳥の鳴き声や冷たい風が枝をふるわす音が聞こえるぐらい。また新しい森の姿《すがた》を発見できることまちがいなしだ。

葉っぱも落ちて木の形がよくわかる。でも、近づきすぎると枝からドサッと雪が落ちてくるぞ。

雪が多いと簡単《かんたん》にお尻《しり》ぐらいまでうまってしまう。スノーシューを準備すれば自由に歩ける。

スノーシュー

スノーシューはアメリカで開発された雪歩きのための道具だ。深い雪でもらくらく歩けるスグレもの。スキーのようにむずかしいテクニックはいらない。ふつうに歩くだけで、フカフカの新雪だってだいじょうぶ。まさに雪遊びの秘密兵器《ひみつへいき》だ。

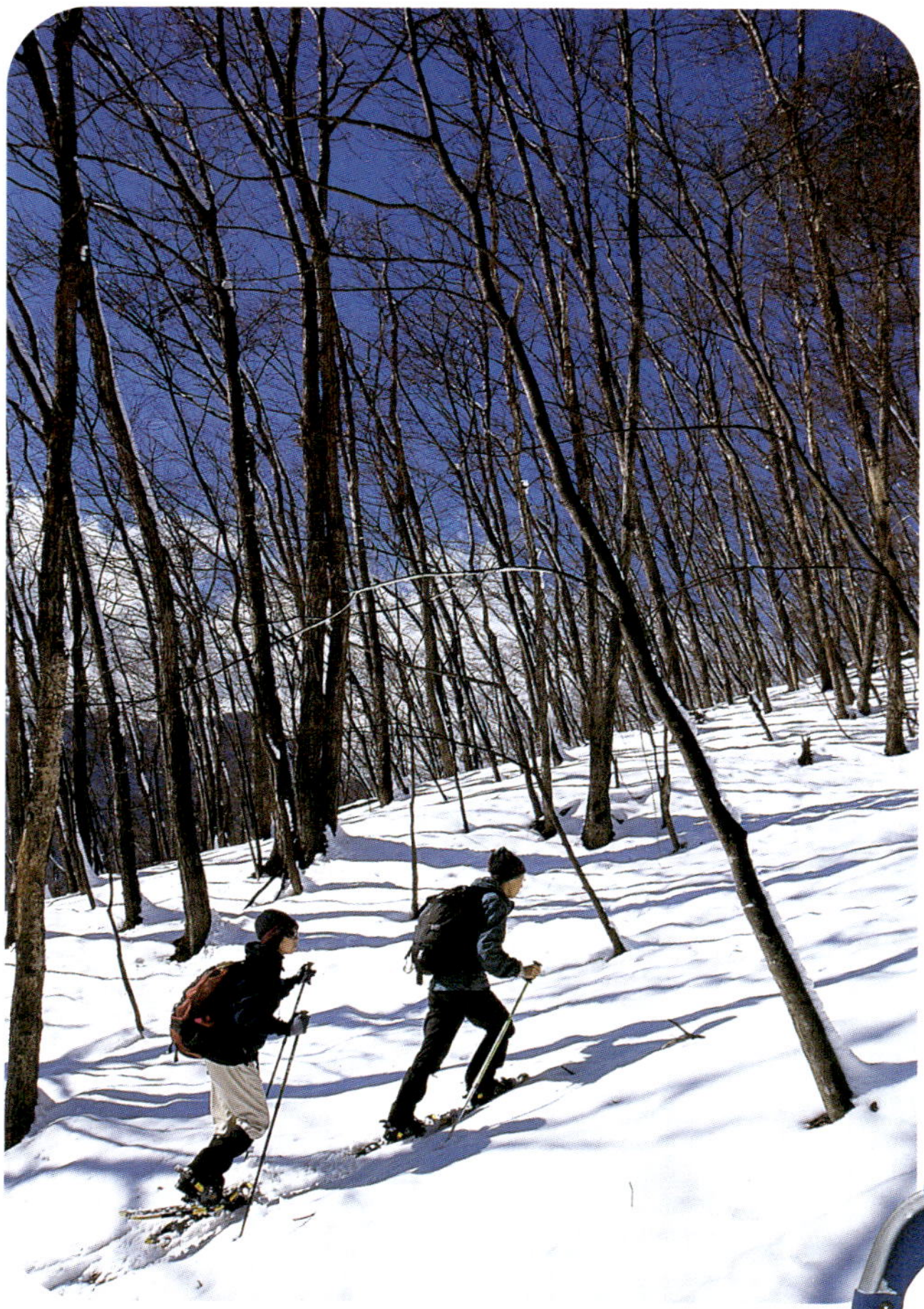

スノーシューの武器《ぶき》は雪面をおさえる広いデッキと雪をがっちりつかむ金属《きんぞく》のツメだ。歩きやすいようにクツがくるりと回るような仕組みもある。

スノーシューをぐっと踏《ふ》みこめば、全体ががっちり食いこんで、どんな斜面ものぼることができる。

斜面をのぼるときは、つま先をけりこむようにして、金属のツメを雪面に食いこませる。

雲上観察もいいけど、まず遊ぼう

雪がいっぱい積もっていると、それだけで心がウキウキしてくるよね。歩くだけでも楽しいし、雪合戦や雪だるま作りなんていう超定番《ちょうていばん》の雪遊びも、やっぱり楽しいんだよね。たんなる追いかけっこでも、自然に笑いだして、止まらなくなっちゃうぐらいだ。なんで雪が積もっただけでこんなに楽しいんだろう？　不思議だよね。雪は理屈《りくつ》ぬきで楽しい。だから、自然観察だとかは後まわし。まずは思いっきり雪の中で遊ぼうよ。雪にまみれて森で遊べば、時がたつのも忘れてしまうよ。

足あとみっけ！

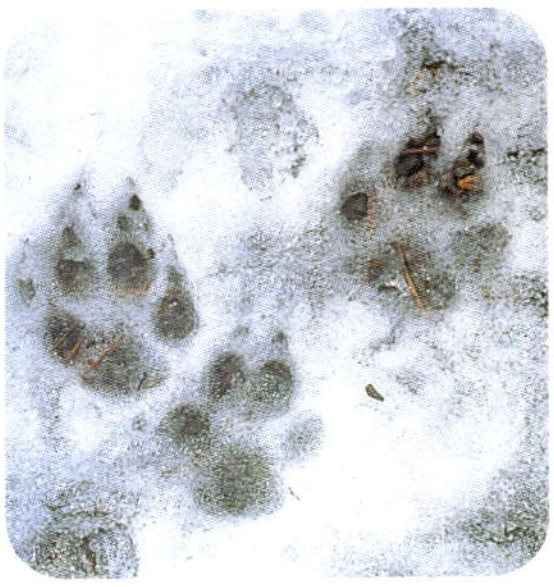

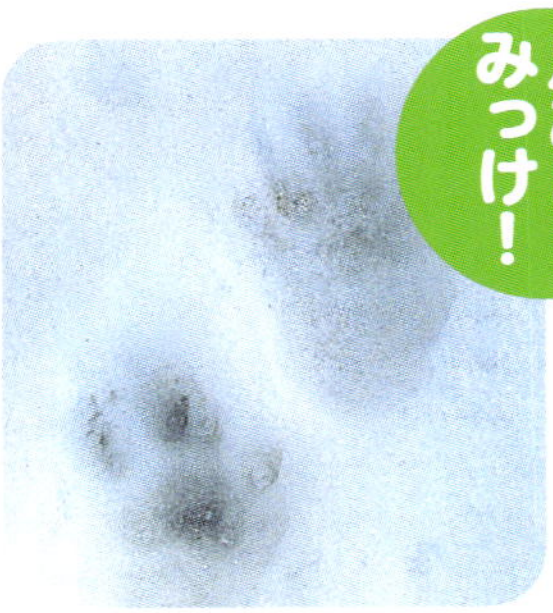

雪の積もった森のいちばんの楽しみは、野生動物の足あとさがしだ。新しい足あとを発見すれば、指の本数や爪《つめ》のあとまでくっきりわかる。足あとをたどっていけば、もしかしたら実物に出合えるかもしれない。

雪の芸術見つけよう

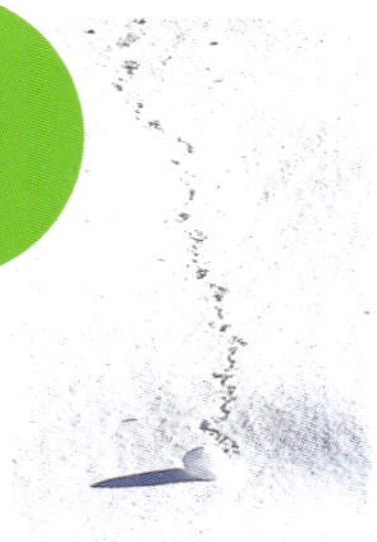

木から落ちた雪がコロコロと雪の斜面をころがり落ちてロールケーキのできあがり！　空から降る雪は、森に意外な形を作り出す自然のアーティストだ。

ジャンプ！

雪がいっぱい積もっていたら、バーンと雪に飛びこんでみよう。冷たい雪が気持ちいい。後ろ向きに倒《たお》れるのもコワイけど、フーッと無重力状《むじゅうりょくじょう》態《たい》になってから、ドサッと雪にはまる感じが病みつきになるぞ。

すべる

ゆるやかな斜面を発見したら、ビニールシートの切れはしをお尻にしいてソリ遊びをしよう。ジェットコースターにも負けない迫力《はくりょく》だぞ！

森の住人たち1

クマはドングリが大好き

森のクマはドングリが大好き。秋にはミズナラやコナラの木になるドングリやブナの実をいっぱい食べる。冬になるとクマは冬眠《とうみん》をするんだけど、寝《ね》ていてもお腹《なか》がすくんだ。キミも朝起きたらお腹がすいているよね。冬のあいだはエサがないから寝てしまうのだけれど、ずっと食べなければ死んでしまう。だからクマは、秋にいっぱいドングリを食べて、体に脂肪《しぼう》をつけて太らなくてはいけないんだ。栄養たっぷりでたくさんなるドングリは、クマにとってとてもたいせつな食べ物なんだ。

クマが木にのぼって、ドングリを食べたあとが「クマ棚《だな》」だ（58ページ参照）。冬になって木々の葉っぱがぜんぶ落ちてしまっても、折れた枝《えだ》に枯《か》れた葉っぱがいっぱい残っているので、すぐに見つけられる。

「枝に葉っぱが残っているということは、クマ棚をつくるのは秋になる前だよな……」

そんなことを考え、ある年の9月にそのことを確《たし》かめるためにミズナラの森に行ってみた。腰《こし》にクマよけの鈴《すず》をつけ、クマはふつう朝早くや夕方に行動するから、ばったり会わないように昼間の森を歩いた。

木の上には、緑色のドングリがいっぱいついている。注意深く木の上を探《さが》すと……あったぞ！　緑の葉っぱがいっぱいついたクマ棚だ。クマはどこかで昼寝中《ひるねちゅう》なのか、まわりに気配はない。

どうやらクマはまだ緑色のドングリを食べているようだ。それがおいしいのか、熟《じゅく》して地面に落ちてくるのを待ちきれないのかはわからない。

木の下は緑色のドングリのカラでいっぱいだ。そのひとつを拾ってみると、カラがくるりときれいにむかれている。なんとクマはドングリをひとつひとつむいて食べているんだ（写真）。

「たしかにカラはかたいもんなあ。クマだって食べられないよな〜」

よく見ると、カラにはキバのあとが1カ所ついていて、そこからクルリとむけている。おそらく口でがりっとかじってむいているんだろう。大きいクマが小さなドングリをひとつひとつむいて食べている……そんな姿《すがた》を想像《そうぞう》すると、なんだか楽しいよね。

出合ったことのないクマが、なんだかとても身近に感じた。でも、緑色のドングリをボクもかじってみたけど、あまりおいしくはなかったな。やっぱりクマとは味覚がちがうみたいだ。

森で芸《げい》術《じゅつ》家《か》

森の風にふかれると
ほらほら、心が自由になっていく。
ゲージュツ心がむずむずしてこないか？

森で音楽家

森って静か？　いやいや森はいろいろな音であふれている。音を集め、音を楽しんじゃおう。

私《わたし》たちは、コミュニケーションするときの音声から、言葉としての意味だけでなく、相手の考えていることまで察することができる。そして動物たちは、音にこめられた意味を一瞬《いっしゅん》にしてとらえているのだろう。

森の中の音をそうやって聞いてみると、すべてに意味が感じられてくる。音を聞きながら、想像《そうぞう》したり直感したりするという楽しみができる。さらに、音に気持ちや感情《かんじょう》がともなうと、音は音楽に変わる。

シー！

音でわかる

音を聞くことで何がわかるだろう。何かがいるということ、生物の種類、そこで起きていること・状況《じょうきょう》などがわかる。鳴く虫を探しているときには、方向、高さなどもわかる。話をしているときには、声のようすで相手の気持ちまでわかったりするね。

音を集める

私たちの耳は便利で、聞きたい音は聞こえるけど、聞きたくない音は聞こえない。無意識《むいしき》にカットしてしまうんだね。意識《いしき》して聞いてみるとたくさんの音が聞こえてくるし、耳の後ろに手を当てて集音しやすくすると、さらにいろいろ音が届《とど》いてくる。

ピッピー
ザッザ
ジジッ
ガサガサ
ピュールリ

オオルリ

音で季節感がわかるかな？

1年中聞こえる音もあるけど、ある季節に限《かぎ》られた音もある。鳥たちの鳴き声の変化で季節がわかる。セミの声で夏だなあと思うし、コオロギ類が鳴きだしたら秋がきたと思う。写真は芽吹《めぶ》きだした早春の森。楽しげな森の音が聞こえてこない？

森の音を描いてみよう

森の音をとっておく方法としては、録音という方法もあるけれど、機械をいつも持ち歩いているわけではない。そんなときは、音を描《か》いちゃおう。言葉でもいいけど、もようを描くような感じで、音を聞こえたまま、感じたままに描きとめておこう。

風でゆれる木の葉の音
鳥の声
ウグイス
キツツキが木のみきをたたく音
虫
流れる音

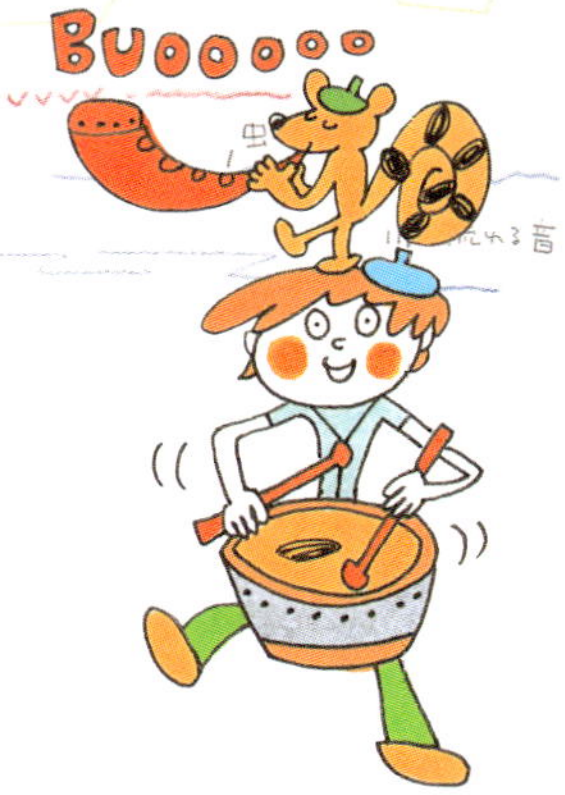
BUOOOOO

森の音をまねしてみよう

森の中でしばらく過《す》ごし、森の音を取材してこよう。近づけるようだったら、できるだけ音が出ているところに近づいて、よく耳を傾《かたむ》け、音を覚えて、まねしてみよう。声に出してもいいし、口笛でもいいし、枝《えだ》や石など道具を使ってもいい。

森でセッション

覚えてきた音を、自分の声で表現してみよう。どこで、何が、どんな音を出していたのか、うまく伝わるかな？　他の人の音にも耳をすませ、みんなでいっしょに音を出し、森でセッションなんて最高だ。さてさて、森と同じ音の世界ができるかな？

ピュールリ
パッパパ
ビュ～

チッチチ
ダッダダ
ザッザ

森で詩人になる

森では、みんな詩人になれる。言葉の森に分け入って言葉を探し、言葉と遊ぼう。

森の中に入って、心を静かにしてみよう。葉っぱが風にそよぎ、鳥の鳴き声が近づいてまた遠ざかる。耳元を虫の羽ばたく音が通過《つうか》し、木の高いところをチョウやトンボが飛んでいるのが目に飛びこんでくる。

スポットライトのように当たる太陽の光を、体に受けるように腰《こし》をおろしてみよう。森の中のいろいろなできごとをひとしきり感じられたとき、それらのできごとが言葉に変わる瞬間《しゅんかん》がくる。

葉っぱを拾い言葉を探す

ひとり1枚《まい》ずつ、気になる葉っぱを拾ってこよう。そして、季節のこと、葉っぱのこと、葉っぱを探しながら感じたことや発見したことなど、ふうっと思いついた言葉を頭の中のノートに書きとめておこう。

言葉を並《なら》べれば詩ができる

葉っぱ1枚にひとつ、言葉や文章を書いてみよう。つぎにみんなの葉っぱを集めて、並べ方を相談し、写真のように並べれば、葉っぱの詩ができあがる。葉っぱには、墨《すみ》や油性《ゆせい》マーカーで文字を書くとよくめだつ。

森の中、ひとり腰かけてみれば
光が当たり、風がそよふいて
自然と言葉がわきだしてくる。

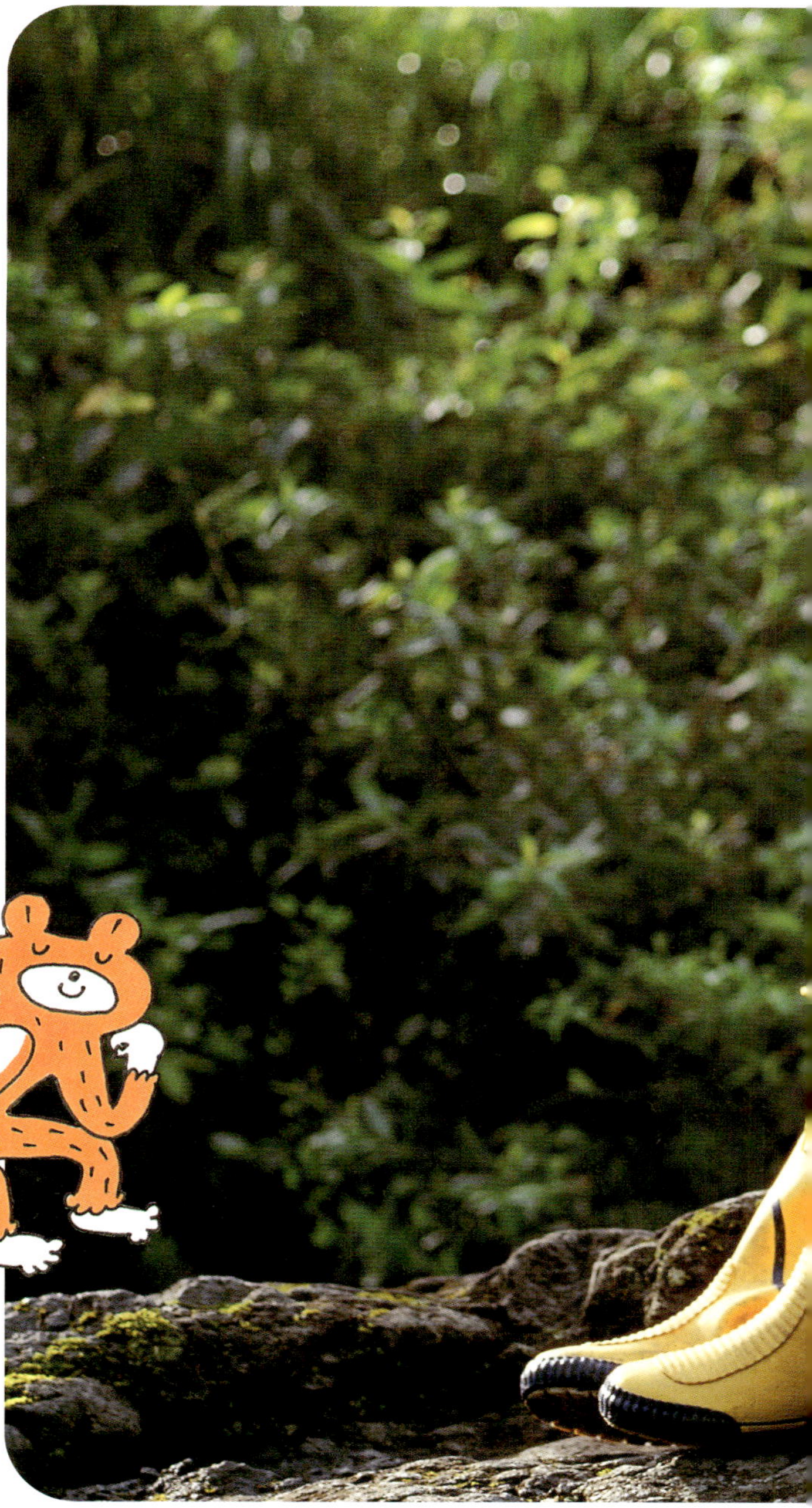

森をながめる

森をながめてみよう。はじめは少し遠くから森全体を見る。何が見えるかな？　今度は、少し動いて、木立ちが見えるくらいまで近づいてみよう。さらに少しずつ近づくと、木の葉や樹皮《じゅひ》のもよう、おもしろい木の形などが、目にとびこんでくる。しばらく動かないでいると、じっとしていた虫や鳥たちが動きだして、私たちの前に姿《すがた》をあらわしてくれる。

少し遠くから森を見てみよう。

少しずつ木に近づいてみると……。

葉のもようが見えてくる。

樹皮のもようもいろいろだ。

生きものたちの姿も見つかるよ。

〝感じ〟で漢字をつくっちゃおう

森をよーく観察をして、気になるもの、おもしろいものを見つけだし、それを創作漢字《そうさくかんじ》で表現して遊んじゃおう。「さんずい」や「くさかんむり」、「むしへん」などの「へん」や「かんむり」をつけるのがコツ。

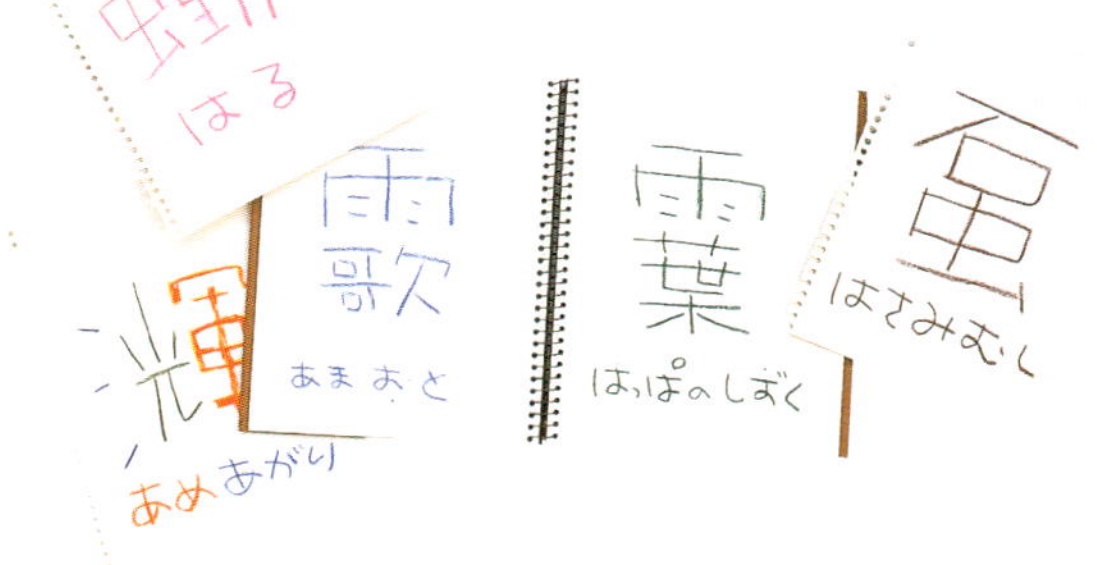

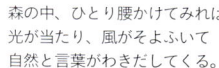

森にはいろいろ色がある

森の色は、たいてい原色ではなく微《び》妙《みょう》な中間色だ。よく見てみると、１枚の葉だって単色ではなく、その中にさまざまな緑色がちりばめられている。季節では、早春と秋にたくさんの色があらわれる。１日のうちでも、光の当たりぐあいで色合いはみごとに変化する。森の色は、楽しみかたもいろいろだ。

森で画家になる

森は、風のふきぬけるアトリエだ。森には、すてきな絵の具やカンバスがある。天才画家を気取ったっていいじゃないか。

森にはいろいろな色がある。いろいろな形がある。創造力《そうぞうりょく》をかきたててくれるエネルギーがある。そういったことに気づきさえすれば、森ではだれもが画家になることができる。

まずは、テーマを探《さが》そう。感性《かんせい》のとびらを開けば森のメッセージがとどくはずだ。次に、モチーフとなる材料を探そう。森のできごとに心の目を向ければ、表現《ひょうげん》したいことは見つかるはずだ。絵の具も、森の素材《そざい》にこだわってみるといい。

森の絵の具

【黒】
雷《かみなり》が落ちて焼けてこげた木や炭などを使うと、きれいな黒色が出る。

【ピンク】
ピンク色の花びらを探そう。赤い花びらは多いので、それをうすめて使う手もある。

【茶色】
土をとってこすりつけてみると、赤っぽい茶色から、黒っぽい茶色までさまざま。

【黄色】
タケニグサの茎《くき》の汁や、ヤマブキ・キバナアキギリなど黄色い花の花びらを使う。

【緑色】
やわらかい草の葉っぱやコケなどを使う。葉っぱの色によって微妙《びみょう》に色が違《ちが》う。

【青】
ツユクサの花びらはみごとな青が出る。ほかに何を使ったらいいか、探してみよう。

森の絵の具で絵を描こう

森の中の自然物を使って、絵を描いてみよう。葉っぱや花びらの汁《しる》を紙にこすりつけると、意外ときれいな色が出るし、思いのほか色落ちがしなくて長い間作品を楽しむことができたりする。どんな素材からどんな色がでるのか、あれこれ探して試してみよう。「森の絵の具」に示《しめ》したオリジナル絵の具も参考にしてね。

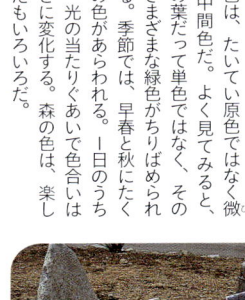

早春の森（左）と晩秋《ばんしゅう》の森（右）は、よりいっそうの彩《いろど》りがある。

葉っぱのステンドグラス

画用紙に黒く太い線で絵を描き、線以外を切りぬく。いろいろな色の葉っぱを貼《は》ってみよう。半透明《はんとうめい》のうすい紙を使って、葉を貼るかわりに森の絵の具で色つけをしてもよい。窓《まど》などに置いて光を透《す》かして楽しもう。

石や木にペインティング

石や木片《もくへん》を拾って、いろんな角度からよくながめてみよう。ふと何かの形に見えてくるはずだ。これにアクリル絵の具やポスターカラーを使って、ちょっと色をそえてみよう。目玉をつけるだけでも、おもしろい。

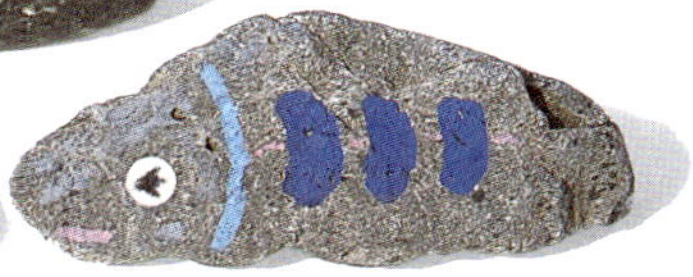

草花で染める

Tシャツや手ぬぐいなど染《そ》めたいものを準備《じゅんび》する。草花を煮《に》て色を出し、染めたいものをその液《えき》につけて色を移《うつ》す。その後「媒染液《ばいせんえき》」につけて色が落ちないようにし、乾《かわ》かす。植物染めの本を参考にしてね。

森で造形家になる

木の実、花、枝に、葉っぱ、つる…森は、芸術心をくすぐる素材でいっぱいだ。森と向きあい、作品づくりに汗を流そう。

作品の素材《そざい》を探《さが》しながら、森を歩くと、さまざまなものが目にとまる。あじのある木の枝《えだ》、色づいた葉っぱ、かわいい花、木の実、草の種……。色も形も材質《ざいしつ》も、品ぞろえ豊富《ほうふ》。ふたつと同じものがない。しばらく歩けば、自分の気持ちにピタリとくる、そんな素材がきっと見つかるはずだ。素材を人に準備《じゅんび》してもらうのはラクチンだ。でも自分の足とセンスで素材を探す、こんな楽しいことを他人にまかせるのはもったいない。おまけに材料費はただ。さいふの中身も気にしなくていい。この材料は、森のあそこにあったんだ、なんて考えながら、自分の思いのたっぷりこもった作品をつくろう。森の心を感じながら、作品づくりに熱中しよう。

木の枝や葉っぱ、木の実を使ってつくったトンボやカブトムシ。木でつくった台に作品をかざると、よりいいふんいきになる。

素材をさがそう

ビニール袋《ぶくろ》やかごなどを持ってフィールドを歩こう。いろんな場所に視線《しせん》を移《うつ》しながら、ピンとくる材料を拾い集めよう。なんでもいい、というよりも、なんだかとても気になるものを集めるのが、素材探《さが》しのコツ。

道具があればより楽しい

ナイフやカッター、はさみ、ペンチ、ホットボンド、木工用ボンドなどの工作用具とゴミ箱を準備して作品づくりをはじめよう。下に新聞紙などをしいて作業をすると、よごすことを気にせずに作品づくりに集中できる。

テーマを決めてつくろう

こんなものをつくろう、というテーマを決めよう。森の生きもの、観察しておもしろかったもの、といったテーマでもいいし、板にはりつける、ドングリを使う、というようなつくりかたのテーマでもいい。

立体の作品をつくろう

平面的に素材を並《なら》べてつくるのもいいけれど、慣《な》れたら立体的な作品にも挑戦《ちょうせん》してみよう。作品を立たせておくために、バランスを考えあれこれためしてみるのもおもしろい。上から、下から、そして四方からながめながら、自分のセンスで形を整えていくのは、なかなかやりがいのある作業だ。どこから鑑賞《かんしょう》しても楽しめる作品は、森にぴったり。

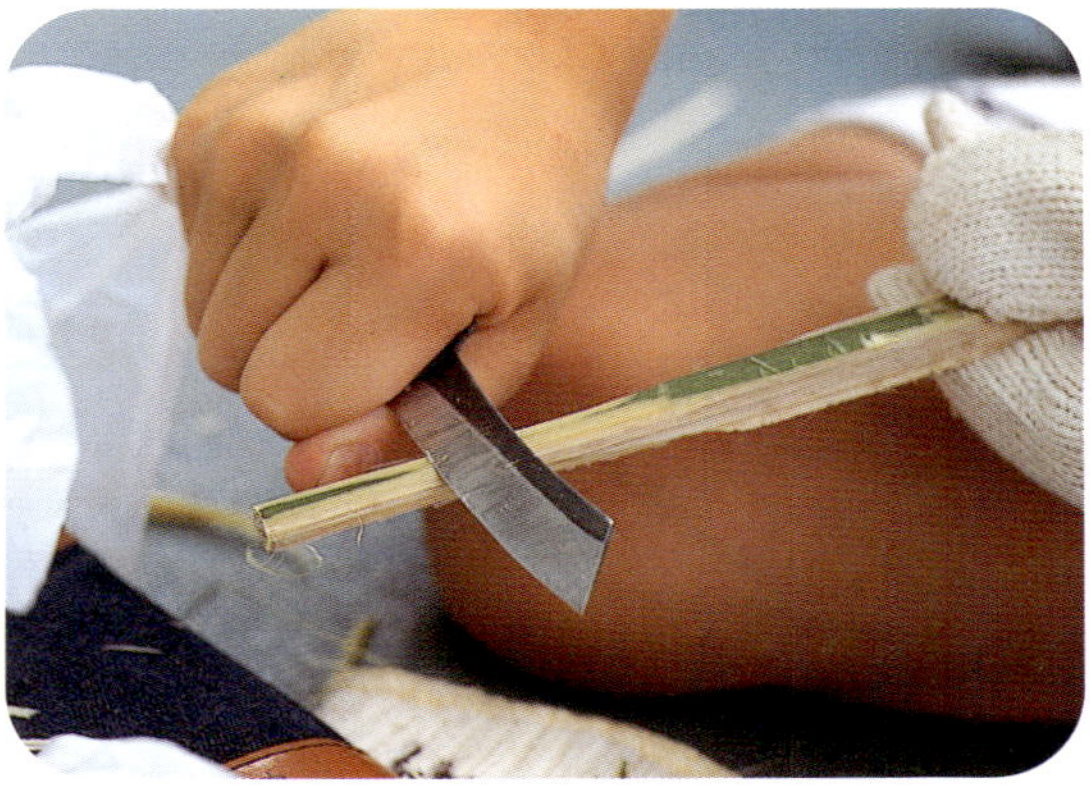

ナイフの使いかた

ふだんナイフを使うチャンスはなかなかない。しかし、クラフトではナイフは必須科目《ひっすかもく》。刃《は》の前に指や手などがある状態《じょうたい》でナイフを使わないこと。最初はきんちょうしているから気をつけているけど、慣れてくるとついナイフの先に指などがきてしまったりする。他の人が前にいる状態での作業もやめよう。

作品を集めて森の展覧会

みんながつくった作品を、森の中のふんいきのいい場所にかざろう。そして自分の作品をじまんしたり、人の作品をほめたりして、展覧会をもりあげよう。最後に、記念撮影《きねんさつえい》!

自分らしい作品をつくろう

りっぱにつくろう、人にほめられるものをつくろうなんて、はじめから考えないこと。自分が好きな、自分が気に入った、そして自分なりの工夫がある、個性《こせい》たっぷりの作品を目指そう。きっとすてきな作品になる。

森で写真家 by デジカメ

軽くて撮りなおしがきくデジカメはもうひとつのフィールドノート。森の中では、存在感がぐっと増す。

デジカメが普及《ふきゅう》するようになって、写真での記録がたやすくできるようになった。芸術的《げいじゅつてき》な写真は高価《こうか》な機材を使わないと望めないが、ちょっとした記録写真、証拠写真《しょうこしゃしん》は、フィルムの消費を考えずにパシャパシャ撮《と》れるようになった。自然の写真はもちろん、地図や資料《しりょう》なども撮っておくと現地《げんち》で役に立つ。場合によっては図鑑《ずかん》の写真を撮っておいて、現地で確認《かくにん》に使う、なんてこともできる。

1.いろいろな林のようすをとって比《くら》べよう。感動した、そのままにはとれないけど……。**2.**花の写真もあとで調べるのに便利。いろんな角度からとっておこう。**3.**花に虫がやってきた瞬間《しゅんかん》。シャッターの時間差に注意。**4.**ササの葉のアップ。実体顕微鏡につけて。**5.**ニホンジカのメス。望遠鏡につけて撮影。**6.**オニグルミを食べるリス。双眼《そうがん》鏡《きょう》とセットで。**7.**タヌキの足あと。こういう動かないものは撮影が楽。でも近づきすぎるとピンボケになる。**8.**展示《てんじ》なども気軽に資料化《しりょうか》できる。**9.**スナップ写真も、もちろんOK。

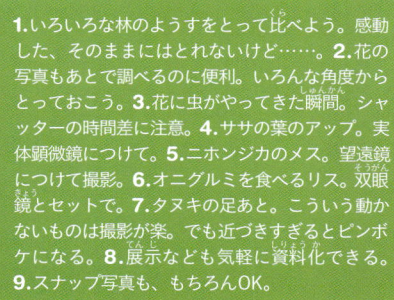

デジカメ×望遠鏡

望遠鏡《ぼうえんきょう》にデジカメを密着《みっちゃく》させて撮影してみよう。アダプターもあるけれど、なくてもうまくやれば十分証拠写真くらいはとれる。これまで高価な望遠レンズがないと遠くにいる動物の写真はとれなかったけど、この方法だと、おどろくような写真がとれる。自分で楽しむのには十分だ。

望遠鏡の接眼《せつがん》レンズについているラバーをのばして、その中にカメラの対物レンズをはめこみ、レンズ同士をできる限り密着《みっちゃく》させる。

望遠鏡のピントを合わせたあと、カメラの望遠を最大にする。これでほぼピントがあうはず。チャレンジしてみよう。

こんなに遠くにいて、双眼鏡でないと見つけづらい動物だけど……。

この方法で撮影してみると、こんなに拡大《かくだい》した写真がとれる。けっこううれしい。

デジカメ×実体顕微鏡

望遠鏡でも実体顕微鏡《じったいけんびきょう》でも、画面の周辺が黒くぼけてしまうことがある。カメラのくっつけかたをいろいろ試してみると、黒い部分をなくすことができる。証拠写真ということと、あとでコンピュータ処理《しょり》することを考えると、まあ黒くなってもいいか……な。

実体顕微鏡にデジカメを密着させて撮影してみよう。レンズは、望遠鏡の場合と同じようにくっつける。

ササの葉っぱの裏。一見何もない。ん？　ゴミかと思いきや……。

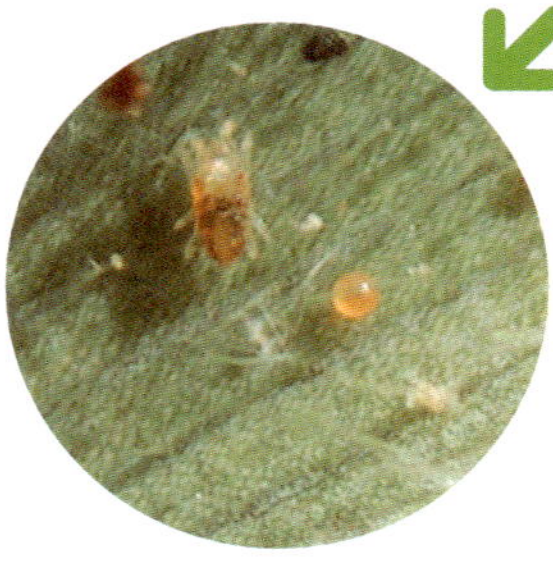

実体顕微鏡で見ると、こんなダニが見つかった。さっそく撮影。

森の住人たち2

カモシカの名前

森でカモシカに出合っても、彼《かれ》らはすぐに逃《に》げることはない。それどころかこちらをジーッと見ているこ ともあるくらいだ。こちらも負けずにジーッと見ていると、いろいろなことが見えてくる。

カモシカの顔は、ボクたち人間の顔がひとりひとりちがうように、一頭一頭ちがっているんだ。とくに倍《ばい》率《りつ》の高いプロミナ（望遠鏡）を使ってよく見ると、角の曲がりぐあいや耳の形、顔のもようが微妙《びみょう》にちがっているのがわかる。カモシカ同士でけんかでもしたのか、角が折れていたり、耳が切れていることもある。

カモシカはなわばりをもっていて、いつも同じ場所にいる。だから、なんども同じカモシカを見て、特徴《とくちょう》をスケッチしておく。カモシカは、外見でオスとメスの区別はつかないけど、子どもを連れていたら、少なくともそれはメスのカモシカにちがいない。そうやって観察をしていると、そのカモシカの特徴が見えてきて、いつのまにか顔が見分けられるようになる。そうなったら、名前をつけるんだ。

カモシカの生態《せいたい》を研究している人のなかには、何十頭ものカモシカに名前をつけている人もいる。このような調査方法《ちょうさほうほう》を「個体識別法《こたいしきべつ》」という。なん年も調査《ちょうさ》を続け、名前をつけたカモシカに子どもが生まれ、そのまた子どもが生まれてと、なん代にもわたってカモシカの「家系《かけい》」がわかっている場所もあるほどだ。そんな調査を通じて、カモシカのいろいろな生態がわかってきた。

ボクたちも東京の奥多摩《おくたま》という場所で調査をしていて、「タケ」「カナ」「セリーヌ」「タマコ」「タマサブロウ」などの名前をつけている。最初に識別できる特徴《とくちょう》を発見した人に命《めい》名権《めいけん》があるんだ。自分の名前にちなんだものなど、てきとうに思いついた名前をつけている。

名前は、自分たちが勝手につけて呼《よ》んでいるだけで、べつに呼んだらそのカモシカがくるとか、人に慣《な》れるということはない。でも、毎日の暮しのなかで、「あいつは今ごろどうしているんだろう……」と、遠く離《はな》れた森に生きているカモシカのことを考えるのは、自然と特別なつながりができたようで、なんだかうれしい。

カモシカは草を食べたりするぐらいで、あまり動くこともなく見ていてたいくつだけど、ぎゃくにじっくり顔を見ることができる数少ない動物なんだ。なんども通ったら、もしかしたらカモシカがキミの顔を覚えてくれるかもしれないね。

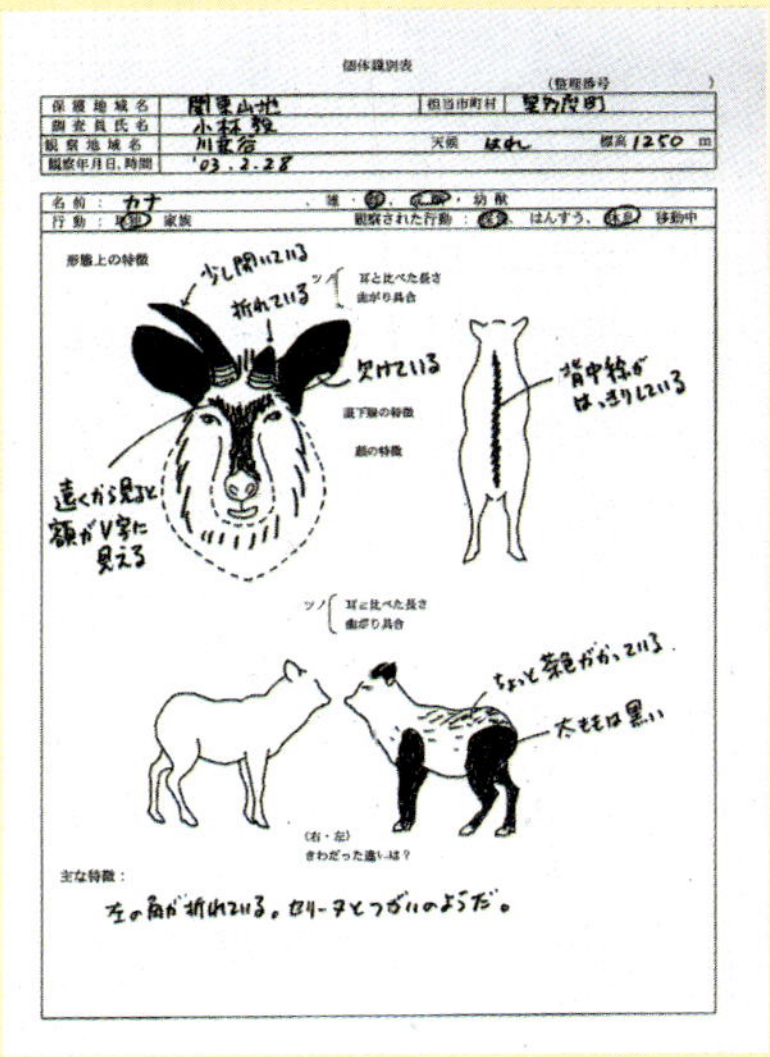

森で観察

森は「？」や「！」であふれている。
自分で探し、自分のアタマで考えれば
森のひみつが見えてくる。

生きもの観察準備体操

ラジオ体操のかる〜いノリで観察するための感性をみがこう。さあ、さっそくはじめるよ〜。

森の中で楽しく観察するためには、感性《かんせい》を十分にはたらかせることが必要だ。スポーツの前に体の準備体操《じゅんびたいそう》をするように、観察の前には感性の準備体操をしよう。

まず、目をつぶって、太陽の方向を向いてみよう。まぶたに赤い光を感じて、目をつぶっていても太陽の方向がわかるはずだ。同じようにして、風の方向もさぐってみよう。ほら、それまで感じなかった風が、頬《ほお》や腕《うで》や手に感じられるようになってくる。自分の感性をほんのちょっと意識《いしき》することで、いろいろなものを感じとることができる。気になる音、においのする方向を探《さが》してもいい。さいごに、目を動かさず、どこまでひろく見えるか、ためしておしまい。

1 まず

2 目をつぶって

3 太陽の方向を

4 探してみよう

5 つぎは風の方向だ。

6 どこからふいてくる？

7 耳をすませて

8
音のする方向を
ゆびさしてみよう

9
気になる音は
どこからきこえる？

10
鼻の穴《あな》を
思いっきり
広げて

11
気になるにおいは

12
どっちから？

13
じゃあ目をあけて

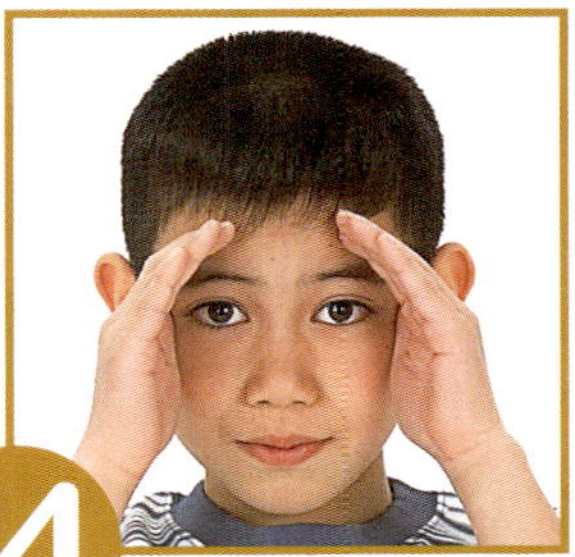

14
手が見えるかな？

15
どこまで
見えるかな？

16
右はどこまで
見えるかな？

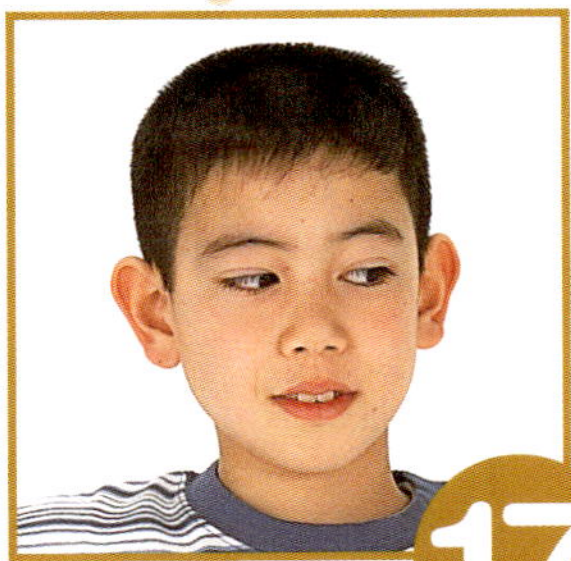

17
左はどうかな？

18
これでおしまい

まるで落ち葉にとまっているチョウのように
見えるのは、ツクバネソウの葉っぱ。

おもしろい形 何かに似てる

“モノを見つける練習”だ。目玉、人の顔…、テーマを決めて何かに似ているものを探してみよう。

空の雲を見て、恐竜《きょうりゅう》に似《に》てるぅ！　クジラだぁ！　クマの形になった！　と遊んだことはないかな。森の中の自然物でも、何かに似ていないかな、と思って見てみると、ほらほら、いろんな形が見えてくる。

目を細めてみたり、いちど目を閉《と》じてからパッと開いてみたり、しばらくボーッと見てみたりすると、よく見つかるよ。顔のように見えるもの、動物の姿に見えるもの、いろいろな形があっちにもこっちにも……。

この遊びは、自然の中でおもしろいもの、不思議なものを発見する練習になるんだ。発見したものを自慢《じまん》しあってもいいね。

目玉もよう

目玉もようを発見すると、それをきっかけに姿かたちが見えてくる。まず目玉を探そう。アケビコノハ（左）の目玉もようは、捕食者《ほしょくしゃ》をあざむくためでもある。

コイ？　虫がぬけだした穴がちょうど目のように見える。

テーマを探そう

自然物を見ていて、ふっと何かに見えてくる、ということもあるけれど、何らかのテーマを決めて探してみるのもおもしろい。人の顔を探すのはわりと簡単《かんたん》にできるし、とても楽しめる。葉っぱの穴やもようが、目玉や口や鼻の穴に見えてくる。出っぱりが、ぼうしや耳、つきだした口に見えてくる。

そうやって見ていると、森の中にいろいろな表情《ひょうじょう》があるのがわかる。悲しそうな顔、笑っている顔、ほほえんでいる顔、さけんでいる顔……。まるで何かを話しかけてくるようだ。自然からのメッセージかもしれないね。なかなか見つからなければ、紙に描《か》いた目玉をつけてみよう。突然《とつぜん》姿をあらわすよ。

みんなで探そう

テーマを決めたら、時間と探す範囲《はんい》を決めて、ひとりずつ探しにいく。人それぞれの感性は、違《ちが》っていてあたりまえ。違っているから、おもしろい。おたがいの発見のおもしろさ、目の付けどころなどを見つけてほめあうべし。

発見するコツ

発見したものを紹介《しょうかい》しあったら、今度はどのようにして発見したか、意見交換《いけんこうかん》だ。それぞれ、どんな瞬間《しゅんかん》に見えてきたか思い出してみよう。同じようにして、まわりを見わたすと、今度はかんたんに見つかるかもしれない。見つめすぎると、見つからない。ふとした瞬間に見えてくる、そんなものなんだ。

違いを見つける

“違いを見つける目”をきたえよう。まず、似たものどうし集めてみよう。みんな同じかな？　どこが違うかな？

違《ちが》いを見つけるには、よく観察して特徴《とくちょう》を見つけることがだいじだ。違いを見つけるために、まず共通点を探しだす、という方法もある。右のドングリをふたつに分けるとしたら、どんな特徴を選べばいいかな？

3つに分けるとしたら？　大きさや形、もよう、色、さまざまな特徴が、分けていくときの手がかりとなる。この手がかりが、違いを見つけるときの視点《してん》なんだ。たくさんの視点をもてば、自然をたっぷり楽しめる。

【シリブカガシ】
全体がロウに包まれる。へそ（尻《しり》：底の部分）がへこむ。

【マテバシイ】
大きなドングリは生でも食べられる。炒《い》るともっとオイシイ。

【コナラ】
ちょっと小さめのかわいらしいドングリ。里山に多い木だ。

【ミズナラ】
大きなドングリ。ナラ類は、ドングリのぼうしがうろこ状《じょう》。

【イチイガシ】
肩《かた》の部分から放射状《ほうしゃじょう》に毛がみられる。関東以西の太平洋側に生育。

【シラカシ】
ぼうしは横じまもよう。カシ類は、すじ状のもようがある。

【アラカシ】
首（上のでっぱり）はわずかに山になる。殻《かく》斗《と》のすじは6段《だん》か7段。

【ウバメガシ】
小さくて、少しいびつな卵形。カシのくせに、殻斗のもようは鱗　状《うろこじょう》。

【ツクバネガシ】
たる型のドングリ。殻斗のすじは7段ある。首にもすじが見られる。

【ウラジロガシ】
ドングリは卵型《たまごがた》。殻斗は浅いものと深いさかずき形のものがある。

【ナラガシワ】
たる型のドングリ。肩の部分が短い毛でおおわれる。大きい。

【アカガシ】
ドングリは細長い卵型。殻斗には7段から10段の輪がある。

【スダジイ】
ぼうしの形が特徴的。海辺やあたたかい地方にある木。食べられる。

【アベマキ】
肩のところがわずかにへこむ。クヌギとの見分けかたは難《むずか》しい。

【クヌギ】
ドングリの形がまんまる。おかめどんぐり、という呼《よ》びかたもある。

【カシワ】
ドングリはまるっこい。殻斗の鱗片《りんぺん》が、細長くのびている。

違いをさがそう

初冬に、越冬《えっとう》する場所を求めて集まってくるテントウムシたち。晩秋《ばんしゅう》のあたたかい日、テントウムシが乱舞《らんぶ》するときや、越冬している場所でテントウムシを探しだして観察しよう。1カ所にいろんな種類が集まっている。この写真の中には何種類のテントウムシがいるかな？　羽にある点のもように注目。

同じ種類の葉でも色がいろいろ。他にも違いが見つかるかな。

マツボックリいろいろ。大きさや形が違う、種の形も違う。

同じ葉っぱでも、もようや色がいろいろだね。

ヤマウコギ

オニグルミ

クヌギ

クリ

マユミ

違いを言葉であらわそう

樹皮《じゅひ》の写真を並《なら》べてみた。どんな違いがあるのかは、専門的《せんもんてき》な知識《ちしき》をもっていなくても表現《ひょうげん》できる。感性《かんせい》を十分にはたらかせれば、微妙《びみょう》な違いにも気がつくようになる。ツルツル、ザラザラ、ゴツゴツ、ガサガサなど、くり返し言葉で表現してみてもおもしろい。実際《じっさい》に木の肌《はだ》にさわることができれば、さらに別の違いが見つけられるよ。

ケヤキ

イヌザクラ

ミズナラ

ヌルデ

エゴノキ

立ち止まると見えてくる

止まると、ふりかえると、しゃがむと…歩いているときには、気づかないものが見えてくる、目にとびこんでくる。

車で走っているときよりも、自転車に乗っているときのほうが、いろいろなものが見える。そして、自転車よりも、歩いているときのほうが、さらにいろいろなものが発見できる。おもしろいものがたくさんあるのに、通過《つうか》してしまっているんだね。歩いていた足を止めて、まわりを見わたしてみよう。さらにもっと多くを発見できる。このように、動きかたを変えてみると、発見するチャンスも変化する。

目だけじゃなく〝気持ち〟のほうも、ゆっくりとしたり、止めてみたりすると、たくさんの自然のメッセージが受けとめられる。ふりかえる、しゃがむ、またのぞき。いろいろ試してみよう。やってみないとわからないこともあるし、見えているのに見ていないものもある。

森の中を歩いていこう。何が見えるかな？

草のかげにカエル発見。しゃがむと視点がぐっと低くなる。

ふりかえると、思いがけない出合いがあったりする。

立ち止まる

立ち止まると、目にとびこんできた葉っぱの美しさに感動。

しゃがむ

フンだ!!

またのぞき

さかさまワールドは、まるで別世界。あらゆるものが新鮮《しんせん》に見える。

見えているのに見ていない

目には入ってきている情報《じょうほう》でも、意識《いしき》していないと気がつかないものだ。少し視点《してん》を変えたり、近づいたり、じーっと見たりしよう。「もしかしたら、ここにいるかもしれない」という意識で見ることも発見するコツのひとつだ。

音で見つける

耳をすましてごらん。
音で何を見つけられるかな？
耳で森をながめてみよう。

気持ちをリラックスさせるために、自然の音に耳を傾《かたむ》けるのもいい。なんの音かわからないまま、音の美しさや不思議さを感じるのもいい。でも、音の主がわかったら、ずっと楽しい。

もし音の種類を聞き分けられたら、森の中の音からどんなことがわかると思う？ 鳴いている生きものがそこにいることがわかる。季節の訪《おとず》れがわかる。音のようすで何が起きているのかも想像《そうぞう》できてしまう。

季節がわかる

4～5月には、野鳥のさえずりがそれはみごとだ。セミも種類によって鳴き出す時期が微妙に違《ちが》う。秋には、鳴く虫たちや雄《おす》ジカの恋鳴《こいな》きが聞こえる。あるていど時期が限定《げんてい》される音を知っていると、音で季節の移《うつ》り変わりに気づくこともできる。

キビタキ

場所がわかる

ハルゼミが鳴いていたら、そこにはアカマツ林があると思っていい。エゾハルゼミだったら、標高700メートルを越《こ》える場所だ、と気づく。キビタキが鳴く林は樹間《じゅかん》があいている林、ホオジロがさえずっていたら疎林《そりん》だ、ということがわかる。

ようすがわかる

秋に雄《お》ジカが「カイーヨー」と鳴いていると、今なわばり争いの緊張《きんちょう》状態《じょうたい》だなとわかる。ウグイスが「ケキョケキョケキョケキョ」と鳴いて警戒《けいかい》していると想像できる。左の写真は、凍りついた冬の森。風がなくても音が聞こえてくる。

森で探索

においでわかる

鼻の穴を思いっきり大きくひろげ
自分の鼻で、森のようすを探ってみよう。
においで何がわかるかな？

ふだんの生活の中で、においはなんの役に立っているのかな？ 食べもののにおいは、食欲《しょくよく》をさそう。くさったにおいは、食べちゃダメのサインだ。思い出してみると、私たちは生活の中でけっこうにおいをかいでいる。自然の中でも、においを手がかりに森を歩いてみよう。

においでわかることって、どんなこと？ 存在《そんざい》がわかる、場所がわかる、季節がわかる、違いがわかる、種類がわかる、たくさんわかるね。

においのかぎかただって、直接《ちょくせつ》クンクンするだけじゃない。さわった手についた移《うつ》り香《か》をかぐ、爪《つめ》でこすってかぐ、ちぎってもんでかぐなどいろいろある。森を、自分の鼻でも楽しんでみよう。

森にすむヒメネズミ。クンクンクン、エサはどこかな？

場所がわかる

においがただよってくる方向を気にしてみると、そこに何かを発見することになる。あまったるい香《かお》りがしていれば、近くに木の花が咲いているな、ということがわかる。そういう時期なんだな、というように季節についても知ることができる。

どんなにおい？

どんなにおい？　と聞かれても、なかなかうまい表現《ひょうげん》が見つからない。色と違って、客観的な表現がないからだ。よいにおいとくさいにおい。好きなにおいと嫌《きら》いなにおい。レモンに似《に》てる、キュウリみたいなど、何かにたとえるとわかりやすい。

グレープフルーツのにおい。

ちょっと遠慮《えんりょ》しておこう。

あまったるいにおいがただよう。

どんなにおいがするかな？

草いきれ、落ち葉のにおい、土のにおい、花の香り、動物の体臭《たいしゅう》……。森にはいろいろなにおいがある。

沢《さわ》のにおいと、雨のにおいはまた違う。雨が近づいてくると「ああ、雨のにおいがする」って感じるよ。

さわって気づく

温かい、やわらかい、でこぼこ、ザラザラ……さわって、はじめてわかることもある。ナデナデ、ゴシゴシ、ツンツンやってみるべし。

何かにさわるとき、どうやってさわる？　つまむ、つかむ、もむ、ふれる、押《お》してみる、つつく、たたく、なでる、こする、などいろいろある。風のように、さわっていないのに感じるものもある。じゃあ、さわることでわかることは何？　かたさ、温度、表面や中のようす、形、などがわかるね。見た目はかたそうなのに、さわってみたらやわらかい！　なんてことも自然の中には結構《けっこう》ある。いろんなものに、さわっちゃえ。

チクチクツンツン

オナモミ

サワサワシャカシャカ

ほっぺで

手以外の感触《かんしょく》は、どんな感じ？　前腕《ぜんわん》の内側、ひじ、背中《せなか》、かみの毛、足、感じやすいのはどこ？　動物のひげは敏感《びんかん》だから、私たちのほっぺも感じやすいかもしれない？

なでてみる

指先や手のひらで葉っぱをなでてみよう。ある方向になでるとさらっとしているのに逆《ぎゃく》の方向はざらつく葉っぱはあるかな？さわった感じをくり返し言葉で表現してごらん。ツルツル、ガサガサ、フワフワ、どんな言葉が出てくるかな？

手のひらで・手のこうで

手のひらと手のこうと、どっちが敏感だと思う？じつは、手のひらでさわっても感じられないのに、手のこうだと感じるものがある。ほんとうに微妙《びみょう》な感覚の違《ちが》いなんだけどね。クモの巣、たんぽぽの綿毛《わたげ》などをさわって比《くら》べてみよう。

つかんでみる

つかむというのは、手のひらで感じること。手の中のものの様子を知ること。太さだって形だってわかっちゃう。ソーッと、包みこむようにつかんでみよう。

手でさわる

目かくししてさわった木と、同じ木を探すというプログラムは「私の木」（ネイチャーゲーム）と呼ばれ、手でさわって判断《はんだん》するという能力《のうりょく》を再確認《さいかくにん》できる。

落としものコレクション

下を向いて歩こうよ。足もとにころがっている森のメッセージを見つけよう。

海の漂着物《ひょうちゃくぶつ》探《さが》しをビーチコーミングと呼《よ》ぶ。森の場合、フォレストコーミングと呼んでもいいのではないだろうか？　森の落としものには魅力《みりょく》がいっぱいだ。なぞなぞみたいなおもしろさが味わえる。

これはなんだろうか？　と考えてみたり、どこから落ちてきたのか、元をたどってみたりしてみたい。拾ったものは、気のきいた台の上に並《なら》べて鑑賞《かんしょう》。これまた不思議な魅力たっぷりのインテリアとなる。ひとつひとつ、拾った環境《かんきょう》や状況《じょうきょう》を思い出して楽しもう。新たに拾ってきたものをコレクションに加えたり、配置を変えたり、遊びかたもいろいろだ。

1 オオルリの尾羽《おばね》。羽の付け根が半分ほど白く、外弁《がいべん》が青みがかっているのが特徴。**2** カケスの次列風切羽《じれつかざきりばね》。外弁の青白黒のもようがみごと。**3** ミスジマイマイの貝がら。右巻《みぎま》きの貝がら。**4** キボシアシナガバチの巣。入り口の外側にあざやかな黄色い部分がある。**5** ヤマドリの体羽。**6** キジの雄《おす》の尾羽。**7** クスサンのまゆ。通称《つうしょう》「透《す》かし俵《だわら》」。**8** アブラゼミかミンミンゼミの大きさのぬけがら。**9** ニイニイゼミのぬけがら。土が付着している。**10** ウスタビガのまゆ。枝《えだ》へのつきかたがおもしろい。**11** オオカマキリの卵《らん》のう。**12** 右からアブラチャンの実、マテバシイのドングリ、コナラのドングリ。**13** 殻斗《かくと》（ぼうし）のついたドングリ。**14** ヒマラヤシーダーの実（先端《せんたん》はこの形のまま落ちる）。**15** ケヤマハンノキの実。リースの材料になる。**16** ヤマグリのいが。**17** トチノキの実。**18** ヤブツバキの実。**19** ヤブツバキの種。**20** クズのサヤ状の実。**21** ヘビの脱皮《だっぴ》がら。**22** ホオノキの実（オレンジ色の種は落ちてしまった）。**23** フジの実（乾《かん》燥《そう》してねじれたサヤ。こうして種がはじけとぶ）。**24** フジの実（サヤ）。**25** カモシカの頭骨《とうこつ》

12
13
14
15
16
17
18
19
20
21
22
23
24
25

落としものアルバム

落としものを撮《と》って、集めて、ならべてみたら森のすがたが、森の四季が浮かんできた。下を見れば、上のようすがわかるのだ

5月 コクサギの雄花《おばな》。枝についていても目立たず、落ちているのを発見！

3月 ツルマサキの葉っぱ。常緑樹《じょうりょくじゅ》だがこの時期に落葉することがわかる。

5月 ヤマブキの花びら。枝についている花もきれいだけど、落ちたあともね。

4月 ヤブツバキの花。サザンカと違い花びらが分かれず、まとまって落ちる。

5月 オトシブミの揺籃《ようらん》。落とさない種類もあるのでこれをきっかけに探《さが》す。

4月 クスサンが羽化した後のまゆ。透かし俵という俗称《ぞくしょう》でも親しまれている。

5月 ホオノキの芽鱗《がりん》。冬芽を包んでいた外側の皮が落ち、つぼみがふくらんでいく。

4月 アブラチャンの花。落ちている花で開花を知ることもある。

森の中では、いろいろな落としものが拾える。クラフトの材料にしたり、かざって楽しんだりもできるけど、よくよく観察してみると、さまざまなことがわかってくる。

　落ちている自然物は、森からのメッセージなんだ。こんなものがここにあるよ、上を見てごらん、と教えてくれている。今はこんな時期だよ、と季節の移り変わりを示《しめ》してくれる。

　春、夏、秋、冬、四季をとおして地面に落っこちているものを撮影《さつえい》してみたら、どこにもないユニークなカレンダーができあがった。地面をながめながら、森のようすを思い浮《う》かべるなんて、ちょっとすてきだと思わないかい？　想像力《そうぞうりょく》をきたえるにもぴったりだ。

10月 アブラチャンの実。新しいものは、つぶすとかぐわしい香りがする。

7月 クリの雄花。強い香りがおさまってまもなく落下する。

5月 オニグルミの雄花。同じ株《かぶ》で受粉することをさけ、雌花《めばな》より少し早く咲《さ》く。

10月 ヒノキの種子。何かの上に落ちないと、見つけるのは難《むずか》しい。

7月 マタタビの花。梅雨時に下向きに咲いている花。秋に実を拾いにこよう。

5月 フジの花。高いところに咲いているので、落ちている花で気づくことも。

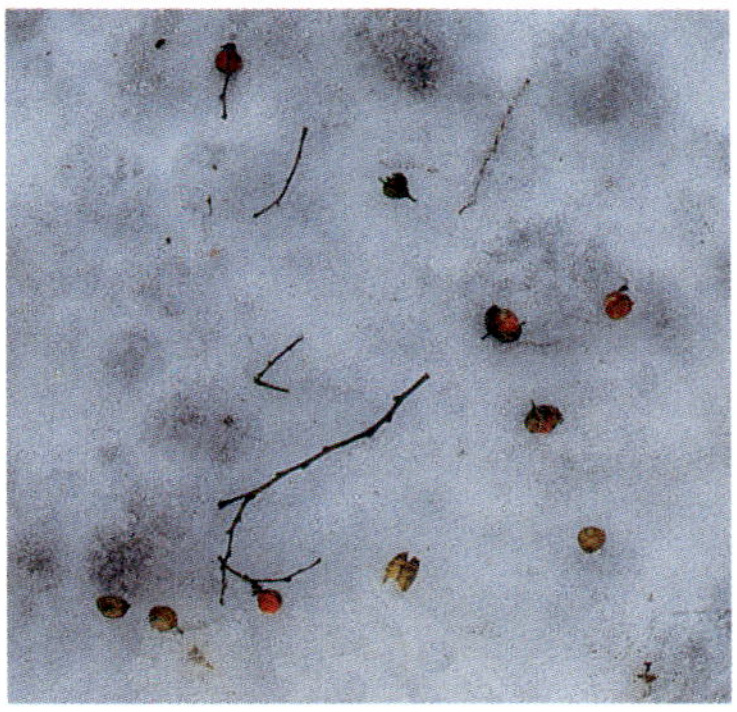

1月 雪の上に落ちたツルウメモドキの実。色合いがきれいだ。

10月 クリのいが。動物たちと先を争って拾うものの、多くが虫食い。

6月 ヤブデマリの装飾花《そうしょくか》。受粉が終わってお役御免《やくごめん》になったのかな？

1月 地面に落ちたツルウメモドキの実。ドライフラワーに少しいただくか。

10月 カキの葉。星状《ほしじょう》のもようが入っている。菌《きん》による病気か。

6月 マメガキの花のヘタ。何か不都合がおきて落ちたらしい。虫のしわざ？

生きもののいたしるし

森の動物たちには、なかなか会えなくても彼らの“いたしるし”は、あちこちにある。だれのかな？　何していたのかな？

一見しただけでは、森の中に動物なんていない、と思ってしまうかもしれないね。でもほんとうは、じつにたくさんの動物がかくれている。

動物たちだって、食事をすればフンもする、移動《いどう》だってする。動物によって、それぞれ特徴《とくちょう》ある行動をするのだ。かくれているようでも、かれらは活動のあとをあちこちに残していく。それを発見し、だれが何をしたあとか確認《かくにん》できれば、動物たちの存在を知る手がかりがつかめる。

だれの巣かな？

土を固めて巣をつくるハチの仲間がいる。いろいろな巣の形がある。自然の石や土のかたまりに似ているので、なかなか気がつかないかもしれない。おどかさないで、そうっと観察しよう。

キツツキアパート？

キツツキがかれた木に穴《あな》をあけ、食事をしたあとだ。穴が深いのは巣穴《すあな》、そんなに深くないのはエサをとったあと、とわかる。下に落ちてる木くずで、種類もおおよそわかる。

でっかい空き家だ

キイロスズメバチの巣を分解《ぶんかい》したものだ。おなじみの大きな巣の中には、このようになん段《だん》にも子育て用のアパートがある。ひとつの巣で、数千のスズメバチの子どもが育つ。

1　ツキノワグマの爪あと。数年前の爪あとが木の生長で、間のびしたようになっている。上のほうまで、爪あとが続いていた。

2　クマだな。クマが木にのぼってドングリ類を食べるときに引きよせ、食後にお尻《しり》の下にふみ重ねてできる。まだ葉のある時期につくるので、冬でも葉が残る。

3　雄ジカの角こすりでできた、角とぎあと。春に古い角が落ちたあと、新しく出てくる角は袋《ふくろ》をかぶっていて、この角をこすりつける。なわばりを主張《しゅちょう》する意味もあると思われる。

4　シカあるいはカモシカの食べあと。植物の先端をつまみ食いしている。食べたあとがナイフで切ったように鋭《するど》ければ、ノウサギ。ガサガサした感じだと、シカやカモシカだ。

5　木の根の、地上部分の樹皮《じゅひ》の食べあと。近年シカの数が増《ふ》え、冬場のエサとしてササの葉も食べつくし、樹皮を食べて木を弱らせてしまうことが多くなっている。問題だ。

6　キツネの巣穴。たくさんの穴をほる。巣穴の近くには、塩気を好むのか、ゴム手袋《てぶくろ》や軍手、子どものくつなど持ち運んでくる。

7　なめらかな樹皮の上をよくみると、爪でひっかいたような傷《きず》があちこちについている。テン、モモンガなどの足あとか?

8　ヤマネコヤナギの冬芽を食い散らした、ニホンザルの食べあと。時期によって食べるものが決まっているので、その植物が生えているところをたずねていくとサルが見つかる。

9　オニグルミをまっぷたつに割《わ》って食べたリスの食べあと。姿《すがた》をかくしてエサを食べられる場所は決まっていて、スギやヒノキなど常緑樹の下で無数の食べあとがみつかる。

10　モグラの通路のあと。少し浅いところを移動したが、そこは遊歩道で人間が歩いて固くなっている部分なので、そのぶんの土を持ち上げるため、通路がはっきりあらわれた。

11　ヒメネズミがヤマザクラの種の中身を食べたあと。アカネズミはオニグルミを両側から穴をあけて食べるが、ヒメネズミは小さな種を同じように穴を開けて食べる。

12　イノシシのいたあと。畑や河原《かわら》などの植物が生えているところをほり返して、根を食べたりミミズを食べる。足あとは副蹄《ふくてい》がつくので、カモシカやシカとの見分けがつく。

13　冬枯《ふゆが》れのイロハカエデの枝先《えださき》に残るメジロの巣。細かい枝の間に上手に巣をかける。晩秋《ばんしゅう》に葉が落ちてはじめて「ああ、こんなところで繁殖《はんしょく》していたんだ」とわかる。

14　ナラメイガタマバチの仲間がコナラの枝につくったナラメコイガフシ。虫こぶ（虫えい）をつくる昆虫《こんちゅう》の名前をみると、植物名+形の特徴+昆虫の名前とならぶ。

15　エゴノネコアシアブラムシがつくった虫こぶ（虫えい）。エゴノネコアシ（エゴの猫《ねこ》足《あし》という意味）ともよぶ。エゴノキに多い。

16　ケヤマハンノキの葉っぱを虫が食べたあと。昆虫の専門家《せんもんか》は、昆虫を直接探すよりも、食べあとを探しあて、この植物にこの昆虫がいる、ということを知るという。

じーっとながめる

がまんして、じっと待つこともたいせつだ。通り過ぎるだけじゃあ気づかない小さな物語に、きっと出合える。

これはなんだろう、と疑問《ぎもん》に思ったことを解決《かいけつ》する方法のひとつとして、とにかくじっと時間をかけて見続ける、という方法がある。時間をかけることが、おのずと問題を解決してくれる。なんともラクチン？なな解決法《かいけつほう》だ。

自然の現象《げんしょう》の中には、とてもゆっくりだけど、でも着実に動いているものもある。私《わたし》たちの時間を、ときにはじっくり、ゆっくりと自然の時計に合わせると、いろいろなものが見えてくるかもしれない。必要なのは、じっとしていられる忍耐《にんたい》だけ。

樹液にくる虫

樹液《じゅえき》に集まるカブトムシを採《と》りに朝早く雑木林《ぞうきばやし》に行った人は、きっとカブトムシに出合えたはず。昼間と夜では、樹液にきている虫の種類が違っている。いちばん上の写真は夜の樹液パーティーの参加者。ガがきている。オオムラサキやスミナガシ、スズメバチは昼間の参加者だ。

オトシブミ

みごとに葉っぱを丸めて、揺籃《ようらん》（ゆりかご）をつくる。失礼してひとつほどいてみると、葉脈を傷つけて織《お》りこみ、上手に丸めてある。いつ卵を産みつけるのだろうと見ていると、なるほどこういう順番に作業をしていくのか、ということがわかる。かなり時間がかかるけどね。

モンシロチョウ

キャベツに産みつけられるモンシロチョウの卵。たくさん卵がついている葉っぱを持って帰り、お茶でも飲みながら観察。たくさん卵があれば、どれかは早めに孵《う》化《か》する。時間がかかるものの観察では、たくさんをいちどに見るという手もある。

オオマツヨイグサ

日没時刻《にちぼつじこく》の少し前に、花が咲く。見ている目の前で、オオマツヨイグサの花びらが開いていく。ふつう、花の開花はとてもゆっくりなので高速度カメラで撮らないと見られないことが多い。でもこの花なら十分楽める。だから、じっとがまん。

林《りん》道《どう》定《てい》点《てん》観《かん》測《そく》

裏山《うらやま》の林道に無人カメラをしかけた。どんな生きものが林道を使っているかな？ハイキングしている人、マウンテンバイクの人、猟犬《りょうけん》？　深夜にはタヌキも利用している。長時間待つことは難《むずか》しいけど、カメラを使うとこんなこともできる。

森のカンケイさがし

森にすんでいる生きものたちはひとりで勝手に生きているわけじゃない。意外なつながり、不思議なカンケイ、発見。

森に生活している生きものたちは、他の生きものたちとさまざまな関係をもちながら暮《く》らしている。食べる―食べられる関係、相手の動きを利用する関係、場所貸《ばしょが》しをしている関係などいろいろ。共生しているものもいれば、一方的に相手を利用している生きものもいる。

森でアリを追いかけてみよう。アリが出合うさまざまな出来事が、アリと関係している生きものたちを教えてくれる。アリの動きも楽しいよ。

ゴミ
アリの巣の近くには、スミレの花が咲いている。なぜだろう？
GO!
START
巣穴《すあな》
エサ探しに出発！
Hello!
仲間とあいさつ

アリ同士が出合ったときにどのような行動をとるだろうか？　おもしろいよ。よく見てみよう。
SP
テントウムシを追いはらう
アリマキとアリとテントウムシの関係は有名。植物にとってはテントウムシを呼びたいんだろうけど。
アリマキに蜜をもらう
2つ進む
Come on!
アリジゴクの巣に落ちる
巣穴にもどる
ウスバカゲロウの幼虫《ようちゅう》がひそんでいるアリジゴク。アリが落ちると体《たい》液《えき》を吸《す》われてしまう。
イモムシを見つける
水たまりにはまる
1回休み
子どもに踏《ふ》まれる
4つもどる
アリグモに会ってビックリ！
1回休み
ちょっと足の数が多いアリがいたら、アリグモかもしれない。アリバチもよく似ている。

白い部分はエライオゾームというあまい物質《ぶっしつ》。土の中に運ぶと、そこから植物が芽を出す。

若《わか》いイタドリは茎《くき》の付け根に蜜《みつ》を出し、アリがなめる。アリはほかの虫を追いはらう。

風にとばされる
ワープ！5つ進む
イタドリに
蜜をもらう
2つ進む
スミレの種子を見つける
巣穴にもどる
カケスにつかまる
でっかいアリに会う
YA!
1回休み
アケビの実を
見つける
仲間に教える
仲間にアメの場所を
教えてもらう
Yo!
ダニがつく
1回休み
大きなアメを発見！
GOAL!

カケスがアリを羽にこすりつけることがある。蟻酸《ぎさん》をつけてダニなどを防御《ぼうぎょ》している？

アケビの実も大好き。テンが食べ、種入りのフンをし、アリがまた運ぶ、という2段《だん》方式。

大きいアリと出合ったとき、アリはどんなようすだった？

よく観察していると、アリの体に小さなつぶがくっついているのを見つけることがある。ダニだ。

森の七不思議

森にはたくさんの不思議がころがっている。人の考えつかない不思議を探すべく森の不思議たんてい団、そうさ開始！

森の中で感性《かんせい》を使って遊ぶのは、じつは森の中の不思議を発見するためのトレーニング。そして、発見した不思議のなぞを、自分で解《と》いていく力を養うことこそ、「森の楽校」の大きな目標だ。なにはともあれ、まず不思議をさがそう。あたりまえのように思えることのなかに、不思議はかくれているよ。不思議を見つけたら、想像力をはたらかせ「……かも」「……じゃないかな？」と自分でストーリーをつくってみよう。

どうしてクモは頭を下にして巣にいるの？

不思議その1

クモは、どうしていつも下向きの姿勢《しせい》でじっとしているんだろう。あたりまえのようだけど考えてみれば不思議だ。頭が重いのかな？　頭を下にしていると、敵《てき》に襲《おそ》われたとき、さっと糸を出して下にぶらさがって逃げられるからかな？

不思議その2

よく見ると、となりの木にも、あっちの木にもこっちの木にももようがついている。しかも、ずうっと上のほうまで続いている。いったいだれがのぼったの。どうやってのぼるとこんなあとがつくの。でっかいヘビ？　宇宙人《うちゅうじん》？

スギの幹《みき》にらせん状《じょう》のもよう。だれがつけたの？

葉っぱに落書きをした犯人《はんにん》はだれ？

不思議その3

文字のようでもあり、たんなるすじのようでもある。ほかの葉っぱを見てみるともようがないのもあるので、何かが意図的につけたあとであることはまちがいない。だれかのメッセージ？　暗号？

不思議その4

葉っぱの穴が横に並《なら》んでいる。なんだこれ？　しかも、小さい穴からだんだんと大きな穴に変わってる。気がつくと、あっちにもこっちにも穴のあいた葉っぱが見つかった。病気？　切り取り線？

ササの葉にあいた小さな穴のなぞ。

バラバラになったガの羽だけ落ちている不思議。

不思議その5

どうして羽だけ落ちているんだろう。あたりを見わたすと、街灯の下にも大きなガの羽が数枚《すうまい》落ちている。そういえば、昨夜街灯の明かりにこのガがきて飛んでいたなあ。夜の間に何が起ったんだろう。ガのバラバラ死体。他殺か自殺か？

不思議その6

８月の終わりになると、毎年地面がこんな状態《じょうたい》になる。台風がきたわけでもないのに。よく見ると、ドングリがひとつと葉っぱが何枚《なんまい》かついた状態のコナラやミズナラの枝先《えださき》だ。特別な風でもふいたの？　自由研究に子どもが落としたのかな？

葉っぱつきドングリがどっさり落ちている。なぜ？

不思議その7

５月中旬《ちゅうじゅん》になると毎年、この葉っぱが白く変色する。調べてみたらマタタビの葉っぱ。どうしてこの時期に白くなるんだろう。このあとずっと白いわけではない。夏になるとだんだん緑色にもどる。日差しが強すぎるのかな？　病気かな？

春のまっさかり、白い葉っぱが出現《しゅつげん》するなぞ。

標識杭《ひょうしきぐい》の上にフンが?!

おまけ

道端《みちばた》の杭《くい》や石の上にはよく動物のフンがのっている。どうしてこんなところにフンをするんだろう。どんなかっこうでしたのだろう？　それともだれかがおいたのかな？

森の七不思議に挑戦《ちょうせん》だ！

想像力をはたらかせ、自分流のやりかたでなぞを解いていこう。

森の中の七不思議を発見するコツがわかったかな？　不思議を発見するのは楽しいけれど、不思議を不思議のままにしておくと、なんとなくすっきりしない。じつは、不思議を解決していくのが、これまたとても楽しいことなんだ。

どうやったら不思議が解明《かいめい》できるのか、何をしたら答えにたどりつくのかを考える。本で調べるのではなく、自分でやってみる。じっと観察したり、実験したりしよう。そのコツがわかったら、答えを教えてもらうのがくやしくなるよ。きっと。

ちょっと実験したり、試してみよう。

クモって下向きに動いているのかも？　下方の網《あみ》が広いので、下に獲物《えもの》がかかったときに行きやすくしているのでは？　襲われたときに下に落ちて逃げるのかな？　など、答えを推測《すいそく》してから、巣をツンツンしてみよう。クモはどうするかな？　また巣の中央にもどったときどうするかな？　頭を上にして巣においたら、どうするかな？　どのクモも同じかな？　解決できたら大発見だ。

答え その1

なあんだ、おじさんたちのしわざかあ。

答え その2

これは難問《なんもん》だよね。生きものがやったのかな、という考えで頭がいっぱいだと、機械が犯人《はんにん》だとは思いつかない。スギの木の枝打《えだう》ちをする機械（「登った君」とか「与作《よさく》」なんておもしろい名前がついている）がのぼったときのあとなんだ。機械の拡大写真《かくだいしゃしん》を見るとよくわかる。意地悪問題だったかな？　まあ、頭をやわらかくすることがたいせつだ、というお話。

自分のアタマで考えよう

とにかくよく観察すること。観察したら、記録すること。その結果を図にしてながめたり、たてに見たり横に見たりして、どんなことが言えるか考えてみよう。自分で考える、ということは、教えてもらうよりも気分がいいぞ。

答え その3

よーく観察すると、わかるかも。

文字のように見えるすじに注目。すじの太さは同じかな？　葉っぱを光に透かすと、すじの途中に黒い点がポツポツとついていない？　何かが葉っぱを食べて成長しながら進んでいったのでは？　と想像。ハモグリガの仲間のしわざ。

理論《りろん》より実験

推察《すいさつ》してみることはたいせつだけど、それを証明《しょうめい》するのは実験だ。ちょっとさわってみたり、何かをして試してみたりするのは楽しい。仮説《かせつ》を証明するために、ちょっと実験してみることでわかってくることも多い。

指名手配ポスターが２枚《まい》。フクロウの仲間か、はたまたコウモリの仲間か。そのあたりのしわざと思われるのだが……。

答えその5

街灯の下にクワガタの頭部だけが落ちていることがある。これはアオバズクのしわざといわれている。街灯にフクロウがよく止まっていることも観察されている。コウモリもよく飛んできている。しかし、まだ現行犯を確認できていないのだ。

答えその4

イラストの説明と同じようにして、虫が葉を食べながら通過《つうか》していった、らしい。虫はハマキガモドキだという。たぶん幼虫《ようちゅう》のしわざだけど。ササの若葉《わかば》はくるりと巻《ま》いている。どこに卵を産みつけるとこんなあとが残るのだろう。産卵管《さんらんかん》で真ん中に生みつけると葉の半分に穴があきそうだし、丸まった葉の外に卵が産みつけられ、かえった幼虫が食べながら侵入《しんにゅう》するのだろうか？　疑問は続く。

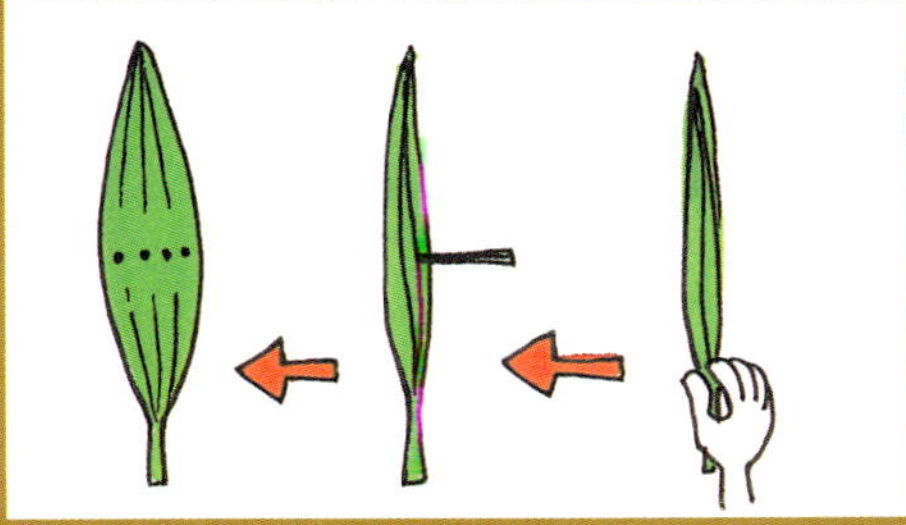
ササの葉をクルクルと丸めて、ようじのような細いものでつきとおしてみよう。こうしても同じような穴があく。

答えにたどりつけなくてもよし

なぞの答えがわかればそれはうれしいけど、必ずしも簡単《かんたん》にわかるとは限らない。でも、いろいろと試してみたり、考えてみたりすることがたいせつだ。試してみてその結果から次の方法を考えることができる力をつけよう。

答えその6

落ちているドングリをよく見ると、どのドングリも殻斗のところに傷がついている。どうも虫が卵を産みつけているらしい。この後、どうやって犯人を見つけるかな。ドングリからどんな虫が出てくるか調べる方法もあり、犯人が卵を産みつけているところを直接現行犯として確認する方法もある。どちらを選ぶ？　犯人はハイイロチョッキリというゾウムシの仲間らしい。

これもよく観察し、そこから推理《すいり》すること。

答えその7

マタタビは、梅雨時に花を咲かせる。虫媒花《ちゅうばいか》である花は、雨でダメにならないように下向きに咲く。下向きに咲くと虫からは見えづらい。だから葉っぱを白くして虫を呼《よ》んでいる、という説がある。虫の目は、紫外線《しがいせん》を当てたときのように、白い部分がポンと浮《う》き上《あ》がるように見えるのだそうだ。

虫が見ると、葉の白いのが目立つんだって。

こんなかっこうかな？

おまけ

犬の散歩をすると、雄《おす》イヌはあちこちにおしっこをする。これは、自分のなわばりに変なにおいがすると、ここはおれの場所だ、とおしっこをかけているのだ。このフンも同じことなのかもね。

自然観察地図をつくろう

自分で気づいたことをかきこんで
どこにも売っていない地図をつくってみる。
夏休みの宿題だって、これでばっちり。

ネイチャートレイルを絵に描《か》いて、歩道ぞいに発見したもの、観察したことなどを書きこもう。スケッチをしたり、聞こえた音を書いてみたり、観察した結果を書きこんだりしておこう。感じたことなどもメモしておくといい。自分だけのだいじな資料《しりょう》になるので、記録した年月日、場所、歩いた時刻《じこく》、天気や風、体で感じた温度なども記録する。季節を変えたり、来年の同じ日に同じことをしてみると、新しい発見があるよ。

フジのツルが道をとうせんぼ。

キバナアキギリ。林縁部《りんえんぶ》に多い。

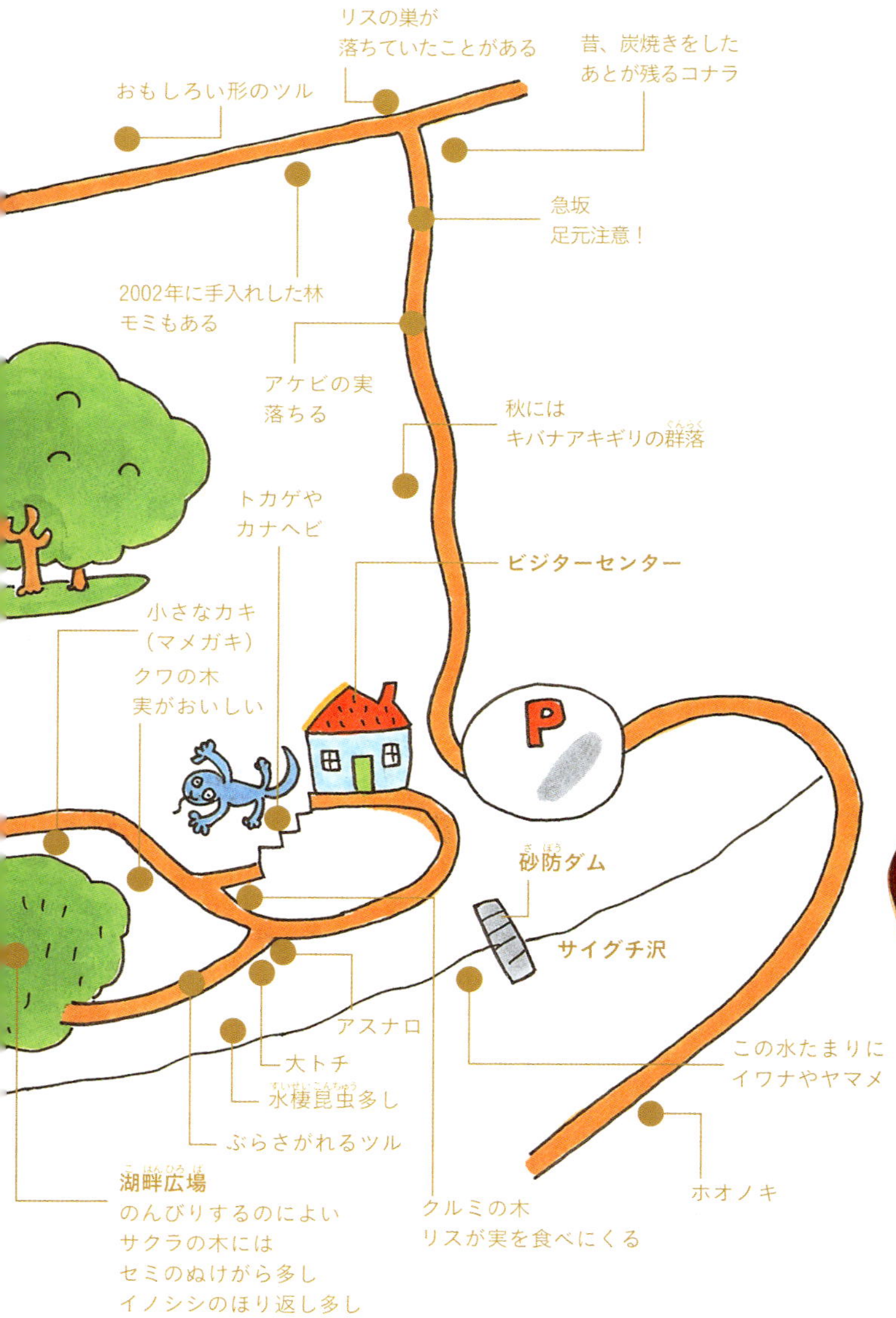

リスの巣が
落ちていたことがある
昔、炭焼きをした
あとが残るコナラ
おもしろい形のツル
急坂
足元注意！
2002年に手入れした林
モミもある
アケビの実
落ちる
秋には
キバナアキギリの群落《ぐんらく》
トカゲや
カナヘビ
ビジターセンター
小さなカキ
（マメガキ）
クワの木
実がおいしい
P
砂防《さぼう》ダム
サイグチ沢
アスナロ
大トチ
水棲昆虫《すいせいこんちゅう》多し
ぶらさがれるツル
この水たまりに
イワナやヤマメ
ホオノキ
湖畔広場《こはんひろば》
のんびりするのによい
サクラの木には
セミのぬけがら多し
イノシシのほり返し多し
クルミの木
リスが実を食べにくる

トレイルにトチの実が落ちていた。おいしそうなのでかじってみたら「えぐい！」。

ホオノキの花。香《かお》りがただよう。

アスナロ。昔の人が植えたもの。

この地図の場所「山のふるさと村」は、奥多摩湖畔《おくたまこはん》（東京都）。

エイザンスミレ。葉が切れこむ。

ヤマブキの花。春先の林縁に多い。

株立《かぶだ》ちした木。炭焼きのあと。

ササバギンラン。とらないでね。

イチリンソウ。春の妖精植物《ようせいしょくぶつ》。

ジュウニヒトエ。茎の断面《だんめん》は四角。

ヤマユリの花。香りもいい。

ヤブツバキの花。冬のいろどり。

キツネの巣穴
人工林（スギやヒノキ）
アカマツの下には
エビフライ
（リスの食べあと）
マツボックリが
いっぱい
長い階段《かいだん》
リスの広場
アカマツには
ハルゼミのぬけがら
ツクバネ
（おもしろい実）
コナラの木には
ミツバチの巣
自然林（コナラやクリ）
矢印の方向で
シカが見られる
ことも
このあたりの
雑木林には野鳥が多い
階段
トレイルぞいにいろいろな花
沢につづく下り斜面《しゃめん》
ヤブには野鳥が多い
がけ
足元注意！
ふた股クルミ
（リスやネズミの
食べあと多し）
シカやタヌキなどの
足あとが見られるかも
奥多摩湖
コイ、ゲンゴロウブナ、ナマズ、ウグイ、
オイカワ、ブラックバスなどの魚がすむ
ヤマセミやカワセミも
ときどき見かける

フシグロセンノウ。夏に林床《りんしょう》で。

メジロ。チーッと鳴いている。

ふた股《また》のオニグルミ。探《さが》してみて！

クワの実。あまくておいしい。

森の定点観測カレンダー

同じ場所で季節をながめてみるとすてきなカレンダーができあがる。続けていけば、りっぱなデータになる。

季節によって自然が変化することはだれでも知っているよね。でも、何が変化するのか、どのように変化するのかということを詳《くわ》しく話せる人は、そんなにいない。

季節の変化に敏感《びんかん》になるためには、記録をとるのが効果的《こうかてき》だ。なんでもいいから、気がついたことを日付とともにメモをとっていこう。自然の移《うつ》り変《か》わりを具体的に知ることができるようになってはじめて、自然とともに生きていくことができるのかもしれない。記録があれば、今年と去年とを比《くら》べて季節の移り変わりのちがいがわかる。季節の変化を予測《よそく》して楽しむこともできる。

3月12日 まだ沈黙《ちんもく》を決めこんでいる冬の森。冬芽も固い。

4月17日 いっきに冬芽がふくらんで、森全体の色が変わりだす。

4月17日 ふくらんだ冬芽がいっせいに開き、緑につつまれていく。

4月25日 葉っぱがぐんとひろがる。森のふところが深くなっていく。

4月29日 あらゆる緑がそろって、森は新緑につつまれる。

5月14日 トチノキの花が咲きはじめる。毎日変化が見られるころだ。

5月15日 トチノキとフジがいっせいに開花。香《かお》りがただよってくる。

8月22日 このころ、森の変化は少ない。濃《こ》い緑にかこまれる時期だ。

9月29日 気の早い枝先の葉が、黄葉《こうよう》する。紅葉《もみじ》の具合が気になる。

10月19日 あちこちの枝先が黄葉しだす。冬鳥たちが渡《わた》ってくる季節。

11月7日 紅葉最盛期《こうようさいせいき》。遠くの山では紅葉が山の上からおりてくる。

11月14日 はやばやと葉っぱを落としてしまう木もある。霜《しも》がおりる。

11月30日 ほとんど落葉。いよいよ冬の到来《とうらい》。長い沈黙の始まりだ。

12月27日 寒さと乾燥《かんそう》にじっと耐《た》える。木枯《こが》らしにもふかれたまんま。

12月27日 雪が降《ふ》った。森が一面の銀世界になる。美しい情景《じょうけい》だ。

双眼鏡のいらないバードウォッチング

双眼鏡がなくたってバードウォッチングは楽しめる。バードビンゴで〝見つける目〟をきたえよう。

バードウォッチングは、野鳥の名前がわかるとたしかに楽しい。でも、そうすると、名前を知っている人しかバードウォッチングを楽しめなくなってしまう。野鳥の名前なんか知らなくったってバードウォッチングを楽しむことはできる。双眼鏡《そうがんきょう》がなくても野鳥を見ることはできる。まず、野鳥の見つけかたを楽しもう。慣《な》れて、早く見つけられるようになってくると、きっと双眼鏡が欲《ほ》しくなるだろうけど……。

下のようなビンゴカードをつくってためしてみよう。野鳥のいそうな場所を9つ選んでビンゴカードをつくる。野鳥を探《さが》して歩き、ビンゴカードに書いた場所で野鳥が見つかったら、マス目にチェックマーク。縦《たて》横ななめにチェックがそろえばビンゴ！　だけど、ひとつできたらおしまいじゃなくて、ビンゴがいくつできるかやってみよう。野鳥はどんな場所でよく見つかるかな？

ビンゴカードをつくろう

9つの大きめのマス（四角）をかいたビンゴカードを準備《じゅんび》。ひとり1枚《まい》ずつカードをもって、まずはそれぞれのマスに、野鳥が見つかりそうな場所をひとつずつ描きこんでみよう。下のイラストを参考にしてね。

鳴き声をたどっていくと……、いた！　枝《えだ》の上だ。（オオルリ・初夏）

いたいた！　ほんとうに歩いてるよ。（ツグミ・冬）　鳥が歩いているマスをチェック。

バードビンゴ

日付（　　）
場所（　　）
名前（　　）

木の幹《みき》でみっけ

木の幹にはキツツキの仲間がよく見られる。見続けていると、飛んで移動《いどう》するし、枝にも行く。(コゲラ)

水辺でみっけ

キセキレイは、水辺の石の上でよく見かける。尻尾《しっぽ》をチョンチョンとふってあちこち歩いてる。

いくつ見つけた?

ここでは、野鳥をなん種類見つけたかということよりも、野鳥が見つかった場所、見つけやすい場所はどんなところだったかに注目しよう。そんな場所はなんカ所あったかな? 別の場所に行ったときに、同じような場所があるかどうかをみれば、野鳥が見つけやすいかどうかが判断《はんだん》できる。

空でみっけ

ときどき空を見上げよう。高い空に猛禽類《もうきんるい》が見つかるかもしれない。何気なく見るのがコツ。

あれれ、鳥が止まったのは木の芽だ。ビンゴカードになかったらメモしておこう。(キビタキ)

バードウォッチング2

「何しているの？」16コマと4コマまんがで鳥見の腕《うで》をバージョンアップ。鳥たちの次の行動が読めるようになる。

双眼鏡を使わないバードウォッチングをもうひとつ覚えよう。それは、野鳥たちの行動に注目する方法だ。持っていくのは、上の16コマのイラストのコピー。もちろん自分でつくってもいい。

野鳥を見つけたら、鳥の名前はさておき、何をしているのかに関心を向けよう。鳥の姿《すがた》を目で追いながら、しばらく観察し続けるのが鳥の行動を理解《りかい》するコツ。

16コマの中に観察した行動と同じようすを示《しめ》している絵を見つけたら、コマのすみっこにチェックマーク。いくつの行動が見つかるかな？　もしイラストにない行動をしていたら、スケッチしておくか、よく覚えておこう。観察からもどったら、観察できたイラストを使って左のページにあるような4コマまんがをつくってみよう。せりふやナレーションなんかを入れるといいね。

「何しているの？」16コマ

野鳥たちが何をしているか想像《そうぞう》がつくかな？　エサを食べていたり、子育てをしていたり、歌っていたり、水浴びをしていたり、愛をささやいていたりしているだろうか。右の16コマは、観察できそうな野鳥の行動を描いてみた。何をしているかわかるかな？

２羽のメジロが何かしているよ。情報《じょうほう》を交換《こうかん》しあっているのだろうか？　牽制《けんせい》しあっているのだろうか？　このあとの動きに注目！

双眼鏡を使わずに、まわりの環境《かんきょう》や他の鳥もいっしょに観察すると、何をしているか想像がふくらむ。見逃《みの》がさないように、じっと見ていよう。

だれにあげるの？

シジュウカラが空中で虫をキャッチ！こんなストップモーションでは見られないけど、何かをつかんだな、ということはわかるはず。見逃さないように！

だれにうたうの？

木のてっぺんで、くちばしを大きくあけてうたうホオジロ。春から初夏にかけての「さえずり」だ。なわばり宣言《せんげん》だったり、メスを呼《よ》んでいる、といわれている。

食べるのかな？

カワセミが水辺の小枝《こえだ》に止まっていたと思ったら、急に水の中にダイビング。水から飛びあがってふたたび枝に止まったときには、魚をくわえてた。

どこに行くの？

森の地面の上を歩くヤマドリ。足をそろえてホップして歩くのではなく、交互《こうご》に出して歩いている。ときどき地面をつついてる。何をさがしているのかな？

4コマにまとめよう

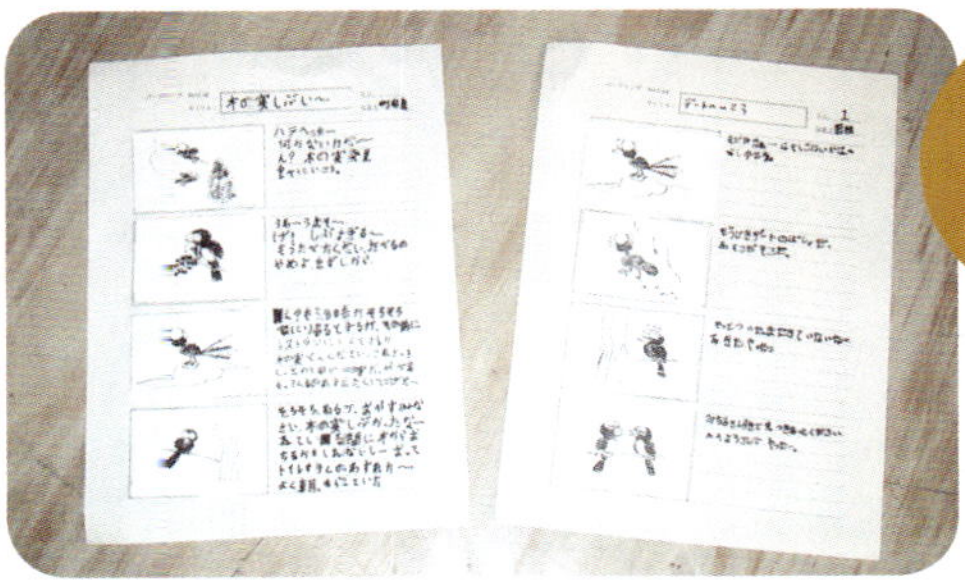

左の写真は、みんなで作った4コマまんが。このようにして、だれでも行動の観察を楽しむことができる。

春がきたぜ

あたたかくなったなあ。

うたうのも気持ちいいや。

愛する妻《つま》にたのまれりゃ。

喜んでエサを探《さが》しにいくよ。

アニマルウォッチング

野生動物に会いたい？ それなら、その動物にあった方法で出合いのチャンスをつかもう。

野生動物たちは、私たちの目からかくれるようにして生活している。しかし、私たちがほんの少し自然の時間で、動物たちの感覚で過ごすことができれば、意外と動物たちのほうから姿《すがた》をあらわしてくれるものだ。夜行性《やこうせい》の動物が多いが、なかには明るい時間帯に活動する動物もいる。

見つけるためには、じっと待ったほうがいい場合もあるし、積極的に動いてさがしたほうがいい場合もある。調査《ちょうさ》のためにエサをおくこともあるが、観察ぐらいの目的では安易《あんい》にやるべきではない。動物たちを見つけたら動くのをやめよう。そっと語りかけるような気持ちで、観察しよう。

サル

サルは、完全な昼行性《ちゅうこうせい》の動物。私たちと同じように昼間活動する。声を出してコミュニケーションするし、群《む》れで動くので、サルたちが近くにいれば、発見することはむずかしくない。

キツネ

北海道のキタキツネは、人に慣れ、手からエサをもらうやつもいる。その結果、動物から人へ、人から動物への病気が問題になっている。動物ときちんとした距離《きょり》をとってつきあおう。

シカ

シカは間近で見ることは難《むずか》しい。人の姿に気がつくと、すっとんで逃《に》げてしまう。草食性《そうしょくせい》で、昼間も夜も、食べたり休んだりを繰《く》り返《かえ》している。最近は個体数《こたいすう》が増《ふ》えて問題にもなっている。

ニホンカモシカは、おっとり型だ。シカのようにいきなり逃げない。まずは人間が観察される立場になる。

記録をつけよう

動物たちを見つけたら、じっくり観察することができたら、記録をとっておこう。年月日、場所、天気、そして観察できたことを書いておくとよい。できるだけスケッチもしておこう。表紙がかためのフィールドノートが使いやすい。

左がオス、右がメスの角

石切り場にあらわれたカモシカ。けわしい場所も上手に歩く。

角をこすりつけるカモシカ。なんのためにするのかな。

アニマルトラッキング

足あとやフンを、ふむふむ、と調べ動物たちを探りだしていくトラッキング。何があったのかな？　追跡《ついせき》しよう！

動物たちのフンや食べあと、足あと、そのほか休み場や毛、においなど活動の痕跡《こんせき》をさがして、よく観察し、それがどんな動物のものかを推《すい》察《さつ》したり、そこでどんなことが起ったのかを考えたりすることをアニマルトラッキングという。動物のたんていだね。野生動物を直接観察するためにも、痕跡を確認しておこう。

フン

フンだから汚《きたな》いというなかれ。動物たちのフンはいろいろな情報をもたらしてくれる。まずはそこにその動物がいた、ということ。何を食べているのか、ということもだいたいわかる。検索表《けんさくひょう》を使って調べるとよい。

ウサギ

サル

カモシカ

テン

鳥の仲間

ムササビ

タヌキ

ナキウサギ

シカ

キツネ

食べあと

植物や木の実、種などの食べあとを見ると、どんな動物が食べたのかが気になるね。食べあとを見つけたら、だれがどのようにして食べたんだろうと、考えてみよう。よく観察して、推理してみよう。

ネズミ

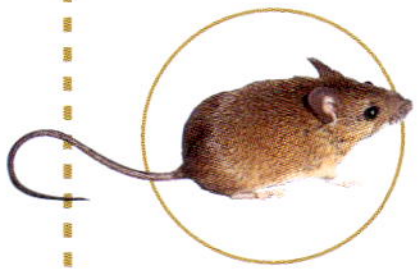

アカネズミがオニグルミの種をかじって中身を食べたあと。クルミの種の合わせめを、両側からかじって穴をあける。

ネズミがトチノキの種をかじったあと。トチの実は私たちにはえぐくてたまらない。動物はだいじょうぶなんだろうか？

リス

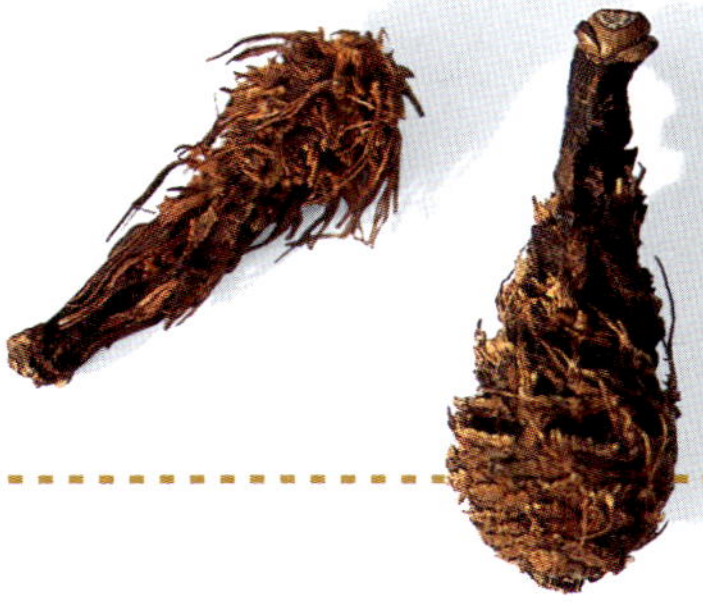

通称《つうしょう》「森のエビフライ」。これ、もともとはなんだと思う？　答えはマツボックリ。リスが食べたあとなんだ。

リスがオニグルミの種をかじって中身を食べたあと。ネズミのと比《くら》べてみよう。リスはきれいにふたつに割《わ》って食べる。

ぬき足、さし足だれの足？

動物の足あとを見つけたら、石膏《せっこう》で足型をとろう。左の写真のようにしてとったのが、シカの足型だ。キツネとハクビシンの足型は、交通事故《こうつうじこ》で死んでいた動物の足を押しあててとった。いつも石膏と紙粘土《かみねんど》を持ち歩くとこんなワザが可能《かのう》だ。

水に石膏の粉を入れてトロっとさせ、型の中に流しこみ、しばし待つ。

しっかりついた足あとのまわりをかたい紙で囲む。高さは４センチ以上。

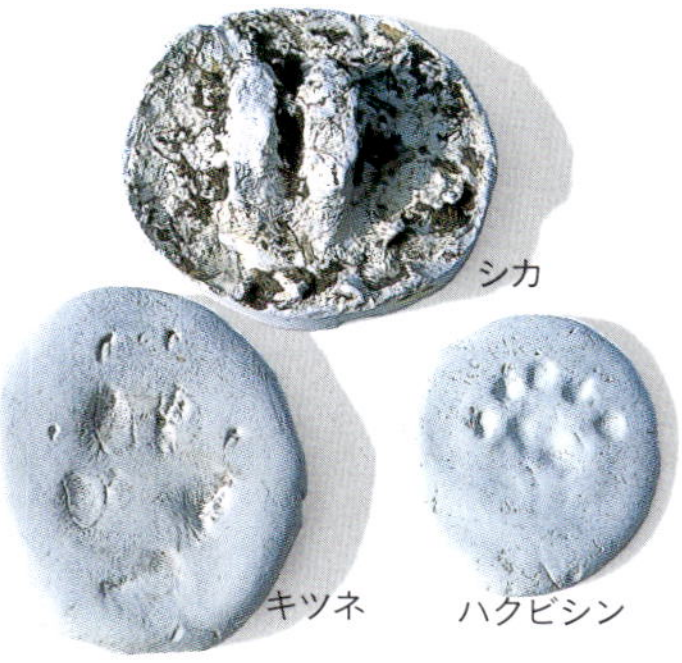

キツネ

タヌキ

ウサギ

エゾシカ

カモシカ

イノシシ

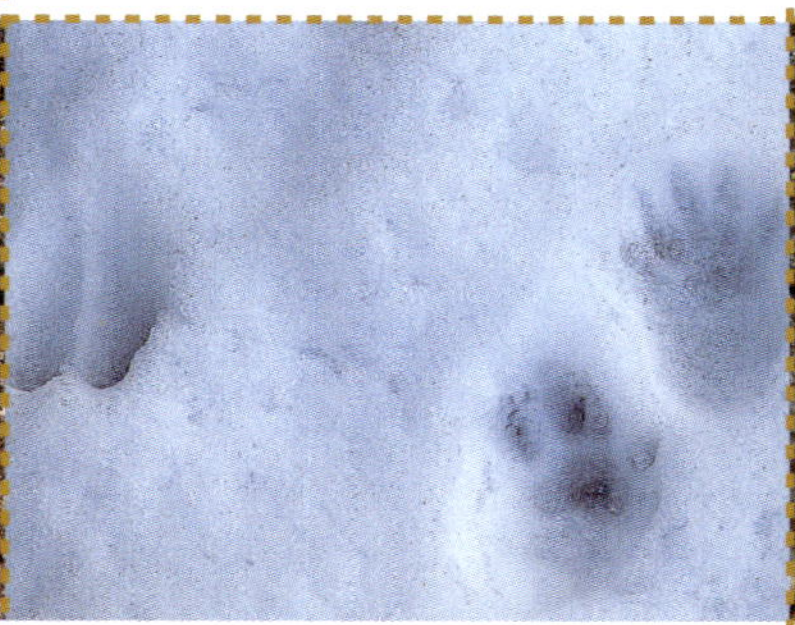

イタチ（左）とテン（右）

リス

ヒト

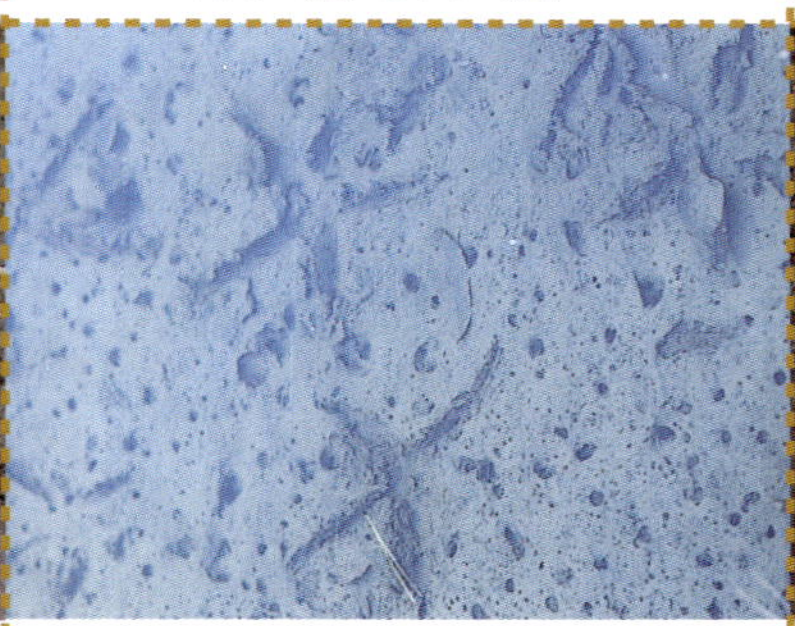

水鳥

ネズミ

虫たちをおびきよせる

昆虫採集にもいろいろあるけど樹液のでる木で待つのはラクチン光でおびきよせればてっとりばやい。

白い布をはって明かり（誘蛾灯《ゆうがとう》というものもある）をあてると、ガやカワゲラ、クワガタムシなどなど、たくさんの虫が集まってくる。

待ちぶせする

虫の観察、といったら昆虫採集《こんちゅうさいしゅう》を思い出すよね。捕虫網《ほちゅうあみ》に虫かご、これが定番だ。網《あみ》の使い方を知っているかな？　チョウやトンボなど目標を決めて網をふる、という方法がひとつ。草むらや灌木《かんぼく》をなでるように横に網をふるのがスイーピング（掃《そう》除《じ》法《ほう》？）、枝《えだ》の下に網をおいて、枝をたたいて落ちてくる虫を受け止めるビーティング（たたき落とし法？）などいろいろだ。このほかに、木に蜜《みつ》をぬったり、エサを仕込んだ落とし穴《あな》を作ったり、光に集まってくる虫を集める方法もある。こういった採取《さいしゅ》の方法をトラップ法（わな法）という。トラップは自然の虫たちのようすを観察して考えられたものだ。自分たちのオリジナルトラップも考えてみよう。

樹液《じゅえき》に集まる虫を待ちぶせ

昼間に集まる虫たちと夜に集まる虫たちの種類が違《ちが》うことを知ってる？　どんな虫たちが集まるかな。なん時ぐらいに交代するのかな。こういったテーマをもって観察すると楽しい。昼間はスズメバチがくるので注意して観察しよう。

樹液に集まってくるスミナガシは、じつは動物のフンなどにもよくとまる。よく見るときれいだ。

クワガタはカブトムシとならび子どもたちの人気者。どんな方法でおびきよせるか、くふうしてみよう。

わなをしかける

光に集まる虫をおびきよせる

あたたかい季節には、夜になると窓《まど》ガラスに虫が集まってくる。明かりに集まってくるんだね。右の写真のように、白い布《ぬの》に明かりが当たるようにすると、たくさん虫が観察できる。どんな季節にどんな虫たちが集まってくるかな？

落とし穴でつかまえる

地面の上を歩きまわるのが専門《せんもん》の虫たちがいる。なかには飛べないやつらもいる。蜜やくさった肉を入れた紙コップを口までうめて、1～2日置き、落ちた虫を観察しよう。紙コップを重ねてその間にエサを入れると虫がよごれず、観察しやすい。

森の住人たち3

森の住人に会う方法

森の中で野生動物に出合うことはなかなかない。多くの動物は夜行性《やこうせい》だし、人間よりも敏感《びんかん》で、ボクたちが気づく前にむこうが気づいて逃《に》げてしまうんだ。

ほんとうに動物に会いたいのなら、夕暮《ゆうぐ》れどきや明け方に、森の中で見通しがきくような場所でじっとしているのがおすすめだ。季節は葉っぱが落ちて見通しのきく晩秋《ばんしゅう》から春先がいいだろう。おしゃべりをせず、ゴソゴソ動いたりもせず、ひたすらじっとして耳をすますんだ。5分や10分では短すぎる。少なくとも30分以上はそうしていよう。そうすると、いつのまにか森と一体化して、動物たちがボクたちに気づくことなく姿《すがた》を現《あらわ》す……ことがあるんだ。

このとき重要なのは、目ではなくて耳だ。ムササビやモモンガのように音もなくいきなり空から現れる動物もいるけど、ほとんどの場合、動物の姿を発見する前にガサガサと落ち葉をふむ音が聞こえてくる。場所にもよるけど、シカやリスなんかが比較的《ひかくてき》見やすい動物だ。テンやタヌキなども見られるかもしれないよ。

夕暮れどきや明け方の観察では、夜の山を歩くことをさけられない。夜の山歩きは、通《かよ》い慣《な》れた場所でないと危険《きけん》だ。林道のわきに車をおいてその中で待ってみたり、キャンプ場のすみなどで待つのもいいだろう。ただし川のそばはザアザアと水の音がうるさいので、動物を待つのにはよくない。

昼間でもひとけのない森なら、動物が出てくる可能性《かのうせい》がある。シカやカモシカ、朝早い時間ならリスが見られるかもしれない。

写真のヒミズというモグラの仲間の小動物は、昼間もミミズなんかを探《さが》して落ち葉の下をゴソゴソしている。体長5～6センチで、ビロードのような黒くツヤツヤとした毛皮が印象的な動物だ。落ち葉の下で行動するのでなかなか姿が見えないけど、林道や登山道わきの小さなガケがあるようなところなら可能性がある。斜面《しゃめん》に直径3センチぐらいの穴《あな》が開いていたら、そこに現れる可能性が大きいぞ。そんな場所ではアカネズミなどの野ネズミが現れることもある。そこで1時間ぐらいは待ってみよう。でも、彼《かれ》らが姿を見せるのは一瞬《いっしゅん》。サーッと駆《か》け抜《ぬ》けていく彼らの姿を見ることができたらラッキーだよ。

森の中でジーッとしていると、たとえ動物の姿が見られなくても、いつもとちがった森が見えてくることまちがいなしだ。

森で冒《ぼう》険《けん》

森にひそんでいるのは
たくさんのドキドキとワクワク。
森の知識《ちしき》と知恵《ちえ》でフル装備《そうび》だ。

夜のねぐらに向かう鳥たち。ねぐらに入ってまもなくすると、夜のとばりがおりる。

夜の森を歩く

夜の森歩きは、どきどきわくわく。人間の五感もとぎすまされる。夜の小さな冒険に、しゅっぱーつ。

夜の森を歩く機会はなかなかない。夜歩きに慣《な》れていないと危険《きけん》だし、道に不案内だと迷《まよ》ってしまうかもしれない。でも、森の楽しみのひとつとして夜の森歩きをすすめたい。夜の森を歩く目的はいくつかある。夜の動物たちを探《さが》しにいったり、暗闇《くらやみ》を体験しにいったり、自然をより深く感じたりする場合だ。

夜の森歩きでは、安全のために一《いち》応《おう》、懐中電灯《かいちゅうでんとう》は持っていこう。でも、できればライトをつけっぱなしにしないで、ときどき消して真《ま》っ暗闇《くらやみ》を楽しんでほしい。ライトをつけずに歩く真っ暗闇ウォークも試してみよう。目が見えないぶん、そのほかの感覚が鋭《するど》くなって、いろいろな情報《じょうほう》が飛びこんでくるはずだ。

ライトがなくても歩ける夜がある。満月の夜だ。びっくりするほど明るいよ。満月の前後数日間も、同じで、歩けるほど明るい。色のない世界、月光ウォークはとても魅力的《みりょくてき》だ。

「キョキョキョキョキョ」と勢《いきお》いよく鳴くのはヨタカ。夜に活動し、昼間は枝《えだ》で休んでいる。姿《すがた》を見るのはかなり難《むずか》しい。

「ヒーン、ヒーン」と甲高《かんだか》い不気味な声が聞こえたら、この鳥のしわざ。想像上《そうぞうじょう》の鳥、鵺《ぬえ》の鳴き声といわれる。トラツグミ。

あたりがすっかり暗くなったら、樹冠《じゅかん》を見上げてみよう。くろぐろした枝の間の月や星は幻想的《げんそうてき》だ。

初夏の夜、大木や老木があればセミの羽化が期待できる。木の幹《みき》だけでなく、小枝《こえだ》の先や葉っぱの裏《うら》などを探してみよう。

夏から秋にかけて、夜は鳴く虫たちの天下だ。鳴き声の範囲《はんい》を少しずつせばめていって、鳴き声の主を探しあててみよう。

初夏には森の中で、陸生のホタルが見られる。幼虫《ようちゅう》が光るオバボタルやクロマドボタル。飛んでいたらヒメボタル（写真）。

夜の森の歩きかた

昼間の歩きかたと違《ちが》って、足元が見えない。だから、一歩一歩足裏《あしうら》で地面を確《たし》かめながら、ゆっくりと歩こう。体《たい》重移動《じゅういどう》も、足が地面に着地して安定してからにするとよい。道をはずれそうになったら足が教えてくれる。

山のふるさと村のレンジャーがガイドするナイトウォーク。

夜の森で動物を探す

夜のサファリツアーに出かけよう。くらやみに光る目、足音、息づかい 夜の森は、スリル満点だ。

遠くまで光の届《とど》く、ちょっと強力なサーチライトを準備《じゅんび》しよう。赤いフィルターをつけると、動物たちにやさしい光になる。

林床《りんしょう》や木の上などを照らしながら、動物を探そう。ライトはつけっ放しにしないで、こまめにつけたり消したりする。光が反射《はんしゃ》して、目がふたつ見えたら動物かもしれない。ふたつの光がまばたきのために消えたり、動いたりしたらまちがいない。ムササビは鳴き声でも見つけられる。

懐中電灯の明かり以外は夜の闇《やみ》にすっぽりつつまれている。フィールドノートに記録するのもひと仕事。動物に会えればラッキーだけど、真っ暗闇を味わうだけでもなかなか刺激的《しげきてき》だ。

キツネ

キツネが歩いているとき、反射する光の動き方は上下動が少なく直線的だ。しかもタヌキより動きがすばやい感じがする。

タヌキ

ライトを当てると、目が反射して光る。しばしじっとして、そのあと、おもむろにトントンと動いていく光だったらタヌキだ。

ヤマネ

ヤマネはライトを使ってみるのは難しい。体も小さいし、樹上《じゅじょう》をすばしこく動くから。でも可《か》能性《のうせい》がないわけじゃない。

ノウサギ

下草が生えている開けた場所なら、ノウサギが姿をあらわすことも。光を反射する目は赤い。事前に痕跡《こんせき》を確認《かくにん》しておこう。

ムササビ

夜の動物観察といえば、ムササビ観察が定番。日没後《にちぼつご》30分ほどたつと、巣穴《すあな》から顔を出す。ちょうど真っ暗になる時刻《じこく》だ。

モモンガ

写真は保護《ほご》されたモモンガだが、手の上に乗るほど小さくてかわいい。

コウモリ

コウモリの生態《せいたい》はまだまだ知られていない。森では見るのも難しい。コウモリ探《たん》知機《ちき》を使うと超音波《ちょうおんぱ》が探知《たんち》できる。

ひみつ基地をつくる

木の上に隠れ家がほしい？ ひみつ基地にたてこもりたい？ じゃあ、みんなで作っちゃおうぜ。

「ひみつ基地」って言葉だけで、なんだかどきどきするよね。森のなかに、だれも知らない自分たちだけの隠《かく》れ家《が》を作る。そこに遊び道具や食べ物を持《も》ち込《こ》めば最高に楽しいぞ。いつものお菓《か》子《し》も、ひと味ちがってなんだかおいしい。

ひみつ基地の場所は、もちろん仲間にしか教えてはいけない。そして、ひみつの合言葉を決めておこう。合言葉を正しく言えなければ、ひみつ基地には入ることはできない。

木の上の隠れ家

ひみつ基地と言えば、やっぱりトムソーヤのように木の上に作りたい。木に2本の角材をロープで水平に結わえつけて、その間にすのこを置けば簡単《かんたん》だ。屋根がわりのシートを枝に結べば、りっぱな隠れ家のできあがりだ。

イグルー完成！

雪がいっぱい積もっていたら、かまくらを作ってみよう。スコップを使って大きな山を作ってしっかりかためたら、穴《あな》を掘《ほ》ってできあがり。雪の斜面《しゃめん》にいきなり横穴《よこあな》を掘ってもいい。マットをお尻《しり》にしけば、中はけっこうあたたかいぞ。

テントもいいぜ

いちばん簡単なひみつ基地はやっぱりテント。べつに泊《と》まらなくてもいい。森の中に立てるだけで、即席《そくせき》ひみつ基地のできあがりだ。テントなら、場所の移動も簡単だ。うすい布《ぬの》1枚《まい》で隔《へだ》てられているだけなのに、なんだかとっても落ち着くよ。

雪の上のひみつ基地

ノウサギは木の根元にあいた穴をひみつ基地（?）にしている。雪の多い地域ではカモシカも雪をさけて穴のような所にもぐり込むことがある。しかし、いずれも足あとが残っているとひみつ基地がバレてしまう。私たちのかまくらや雪の横穴も同じことがいえる。どうやって足あとを消そうか。知恵をしぼろう。

火をおこす

じょうずに火をおこせば
きっと友だちにじまんできる。
このワザ、身につけて損《そん》はない。

火をおこすという言葉は、マキに火をつける、自力で火種をつくる、という両方の意味をふくんでいる。マッチなどを使わずに火おこしするチャンスは少ないが、たき火はアウトドアマンにとって必須《ひっす》技術《ぎじゅつ》だ。

火おこしは、微妙《びみょう》で繊細《せんさい》な作業だ。最初は静かにていねいにやらないと、火はごきげん斜《なな》めになって思うようにつかない。「燃《も》えるもの」と「熱さ」と「酸素《さんそ》」が必要だ、という火の三原則を意識《いしき》して火おこししよう。

火おこしの便利アイテム。うちわと火ふき竹でかんたんに風を送りこめる。火ばさみ、皮手袋《かわてぶくろ》は熱いものをあつかうのに用意しておくと便利だ。

たき火をしよう

たき火は炊事《すいじ》や暖《だん》をとる目的以外にも、夜に語り合うときの方法として欠かせない。くらやみにチラチラ光るたき火を囲むと、ふだんあまり話さないことも、ついつい語ってしまったりするし、よく聞くことができる。でも、たき火をするときは、場所選びに注意。どこでもいいわけではない。自然公園では、直火《じかび》は生物(とくに土壌動物《どじょうどうぶつ》)に少なからず影響《えいきょう》をあたえる。後始末もきちんとしよう。

細いマキを地面から浮《う》かして並《なら》べ、その下にたきつけの紙をおいて火をつける。

たき火をする前にマキを準備しよう。乾《かわ》いた小枝を細い順に集めておくのがコツ。

たき付けから細いマキに火が燃え移ったら、小枝、少し太い枝、とくべて、火を大きくする。鉄板を敷《し》くとよく燃えて、たき火のあとも残らない。

手で

自力で火をおこす

前方後円墳《ぜんぽうこうえんふん》のような形に切りこみを入れ、丸のところに火おこし棒《ぼう》を立て、「弓ぎり式」などで勢いよく回転させると、まもなくモクモクとけむりが立って、けずれた木くずに熱が移《うつ》って火種《ひだね》ができる。火種はとても繊細で、風で一瞬《いっしゅん》に飛んでいってしまう。火種ができたら、そっと息をふきかけるのがコツ。この状態《じょうたい》から炎《ほのお》のある火にするのがたいへん。

弓で

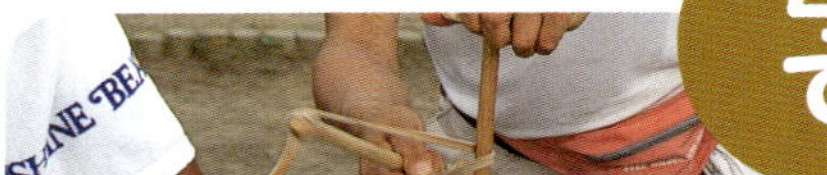

ヤブこぎのススメ

**道なき道を分け入れば
ワイルドな森体験が待っている。
何がとびだしてくるか、お楽しみ。**

道がなくなったけど、その先に行かなきゃならない。目標地点にまっしぐらに行きたい。そんなとき、道なき道をヤブをかきわけながら歩く。これを「ヤブこぎ」という。

おしわけた枝がはね返ってきて目を襲《おそ》う。下草におおわれた地面が歩いている人をすべらそうとたくらんでいる。風通しが悪くて汗《あせ》がふきでてくる。歩くのに全身を使わなければならない。まるで冷静に判断《はんだん》できないように、意地悪をされているような気持ちになる。しかし、これがヤブこぎの醍醐味《だいごみ》だ。パニックになったら、動くのをやめて気持ちが落ちつくのを待とう。ヤブをぬけたら一気に目標地点に出るかもしれない（その逆《ぎゃく》もあるけど）。はじめはそのあたりの地理をよく知っている人と歩こう。長そで長ズボンでね。

やたらにガサガサとヤブを歩くばかりではなく、ときには立ち止まって耳をすませ、森のふんいきを感じてみよう。動物たちの気持ちになれるかも。

同じ道を歩いてもいいし、それぞれが道を選んで歩いてもいい。あれだけおしゃべりしていたみんなが、今は必死だ。ヤブこぎの緊張感《きんちょうかん》を楽しもう。

狩《かり》人《うど》の気分で森を歩く

獲物を追うキツネの気分で音をたてず、相手に気づかれないよう森を、ヒタヒタと歩いてみよう。

森の狩人は、獲物《えもの》に気づかれないように上手に歩く。風上から近づき、音をたてずに、気配をうまく消して、その場にとけこむ。また、狩人は、動物たちの痕跡《こんせき》、つまり足あとやフン、食べあとなどの意味を読みといて、かれらを追跡《ついせき》する。動物たちの痕跡から動物の種類や行動のようすを知ることをアニマルトラッキング、追跡する人のことをトラッカーという。狩人は、動物のあとを忍耐強《にんたいづよ》く追う。獲物を狩《か》るという目的があるからだ。

狩人は、森で自由に過《す》ごせなければならない。森の中で食料を調達し、水を探し、より快適《かいてき》な寝場所《ねばしょ》を見つけ、森で生活する。森のいろいろなことを知り、森の生きものたちの声をきいて判断する。そんな過ごしかたをするチャンスはなかなかないけど、ちょっとあこがれてしまう。

私たちは、狩猟《しゅりょう》の生活から遠く離《はな》れてしまった。動物の生活も、アニマルウォッチングという形で知ることができるだけだ。でもいいじゃないか。森に入ったら、狩人になった気分で身をひそめ、時を過ごし、動物に出合うことが、私たちのハンティングだと思うことにしよう。そして、銃《じゅう》ではなく目で狩りをしよう。

左足は、今ついている右足の真ん前に運ぶようにする。

↓

まずは、足のかかとからそうっと下ろしてみよう。

↓

続いて、足底の外側を地面につけるようにする

↓

最後に、足底全体を地面につけるようにして歩く。

フォックス・ウォーク（キツネ歩き）をマスターしよう

狩人のキツネは、獲物に上手に近づくのが仕事だ。キツネの歩きかたをみると、足あとが一直線に並ぶ。キツネのまねをすると、

私《わたし》たちだって動物に近づけるかもしれない。歩くときの呼吸《こきゅう》も意識してみよう。鼻から息を吸《す》って、口からそうっとはくんだ。

森で眠る

冒険の最終章は、森で夜を過ごすこと。森の生きものたちとはりつめた夜の空気を共有しないか？

夜の森をひとりで過ごしたことがあるかな？　森の楽校の卒業試験は、夜の森で眠《ねむ》ることだ。簡単《かんたん》だって？ではやってもらおうではないか。
夜の森には昼の森とは違《ちが》った自然がある。夜の森の音、夜の森のにおい、だんだんと感覚が鋭くなっていく。ネズミの歩く音が、とても大きく聞こえる。ムササビやフクロウの鳴き声が移動《いどう》していく。夜の森の音は、想像《そうぞう》以上に不思議だ。見上げた樹冠部《じゅかんぶ》のすきまには、月や星が見えかくれする。オーバーナイトソロ体が夜の森に溶《と》けこんでいく……。

大人たちへのアドバイス

森ってどんなところだろう？
何を持っていけばいいのかな？
子どもと森で遊ぶための
ガイドとインフォメーション。

森といっても種類はいろいろ

日本には「木の文化」があると言われます。それだけ森を利用し、森とともにあったのです。それによって日本の森も大きく姿を変えてきました。

森とひと言でいっても、日本列島は南北に長く、高い山もあるので、いろいろな種類があります。気候も温暖で雨も多く樹木の生長に適しています。また、中緯度にあるため四季がはっきりしていて、暑い夏と寒い冬が交互にやってくるので、木々も冬に葉を落としたりして、そんな自然にあわせて生活しています。

日本列島の森は、西日本のシイやカシといった常緑広葉樹からなる「照葉樹林」と東日本の落葉広葉樹のブナを中心とした「夏緑広葉樹林」、高い山や北海道に広がる「亜高山帯(亜寒帯性)針葉樹林」の3つに分けることができます。これらの森は、南から北の緯度にあわせて、あるいは山の麓から山頂といった標高ごとに分布しています。

しかし、古代から多くの人が住み、稲作や畑作が営まれてきたこともあり、多くの土地が開発され、森が伐採されてきました。また、木材をとるために有用な樹木を植えることも多く、森の姿はさまざまに変容してきました。

失われた森、照葉樹林

たとえば西日本、とくに中国地方の照葉樹林は、弥生時代からの農耕の発達や、映画「もののけ姫」にあるような、たたら精錬などのために森が繰り返し伐採され、木材が薪や炭として利用されてきました。そのため、土壌がやせ細り、乾燥した気候ともあいまって、今ではそんな環境にたえることのできるアカマツの林が多くなっています。他の地域でも、照葉樹林の多くがアカマツ林やコナラやクヌギからなる「雑木林」になっています。これらの雑木林はもともとあった森を伐採してできた森という意味で「二次林」ともよばれます。その二次林も、昭和20年代後半から30年代にかけて、家庭で使う燃料が炭や薪から石油や都市ガスなどに転換した「燃料革命」が起こると、ほとんどが利用されることなく放置されています。

現在、照葉樹林がまとまって残っているのは沖縄のヤンバルや屋久島などぐらいで、あとは小規模な森が点々と残っているだけです。ただ、神社仏閣に残された社寺林には、今もその面影を見ることができます。

四季の変化が美しいブナ林

照葉樹林より北、あるいは標高の高いところには「夏緑広葉樹林」が

広がっています。東日本の日本海側を中心にブナなどの落葉広葉樹で構成され、ふつうはたんに「ブナ林」とよばれています。関東地方ではおおよそ標高1500メートル以上の場所がブナ林となっています。

落葉広葉樹は、落葉することで冬の乾燥と寒さをのりきります。四季の表情が豊かな美しい森で、クマやカモシカなどの多くの野生動物が生息し、木の実や山菜、キノコなどの森の恵みにあふれています。人びとは縄文の昔からそれらの森の恵みを利用して生きてきました。

そのブナ林が、受難の時代をむかえたのは戦後。ブナは木へんに「無」と書いて橅と書くように、木材としてはまったく価値のない樹木だと考えられていました。そのため、高度経済成長期に多くのブナ林が伐採され、スギやヒノキなどの針葉樹が植えられてしまったのです。このようなブナ林などの天然林を伐採したあとに別の樹種を植えることを「拡大造林」とよび、昭和40年代まで続きました。その結果、ブナ林は減少を続け、まとまった面積が残っているのは世界遺産に登録された白神山地ぐらいになってしまいました。太平洋側や内陸では、伐採後にミズナラを中心とした雑木林になっているところも多くあります。

日本の山を埋めつくした人工林

家屋を木材で作る日本は、古くから建築用材として樹木を利用してきました。とくにスギやヒノキといった、生長が比較的速く、まっすぐに伸びる針葉樹がその代表です。昔から京都や奈良、あるいは江戸といった大都市に木材を供給するために、各地に集約的な林業地ができました。

近年、前述のように拡大造林が進み、日本列島は人工林で覆われ、今では、全森林面積の40%を占めるまでになってしまいました。その後、価格の安い外国の木材の輸入が増え、国産材の価格が低迷し、実質的に林業という産業自体がたちゆかなくなっています。そのため、下草刈りや間伐・除伐といった人工林に必要な管理がされず、森林の荒廃が進んでいると指摘されています。

近年では、これら森林を木材生産の場としてではなく、水源涵養や野生生物保護といった「公益的機能」を重要視する場として転換するようになってきましたが、まだまだ多くの問題をかかえています。

昼なお暗い亜高山帯針葉樹林

ブナ林より高い山、あるいは北の地域には、常緑の針葉樹が森をつくっています。シラビソやオオシラビソ、コメツガなどの樹木が中心で、関東周辺でいえば標高2500メートル以上の亜高山帯に分布しています。山奥に分布するため、比較的伐採をのがれてきた森でもあります。

1年中葉が茂っているので、林内は暗く、苔むしていることが多いのも特徴のひとつです。林内には、台風などで倒れた木の上でタネが発芽している、「倒木更新」とよばれる現象が観察できます。これらの子どもたちが、次の世代を担う木に生長するのです。

亜高山針葉樹林は、山の標高が上がるにつれて木々の背が低くなり、「森林限界」をむかえ、背の低いハイマツにとって代わり、森が姿を消します。

雑木林の四季にみる森のしくみ

森を歩いていて、どれだけの生きものを発見できますか?
見えないぐらい小さいものから大きな野生動物まで
いろんな生きものたちが関係しあって生きています。

春

「ツーピ、ツーピ……」

雑木林にシジュウカラの声がひびきます。春の訪れです。気の早い鳥たち以外にも、いち早く春を感じている生きものがいます。スミレの仲間やカタクリといった植物です。彼らは、木々の葉が開いて林の中が暗くなってしまう前に、葉を広げ、暖かな日の光を浴びて花を咲かせるのです。そして、夏には実をつけ、一年の活動を終わらせるのです。このような植物を「春植物」とよびます。

そんな花が咲くと、さっそくハチやアブの仲間が蜜を求めて訪れます。花から花へ蜜を求める虫たちは、同時に花から花へ花粉も運んで受粉させています。このような花は「虫媒花」とよばれ、生きもの同士の持ちつ持たれつの関係を示す「共生」の典型的なものです。このほかにも、コナラやクヌギのように風で花粉を飛ばし受粉させる「風媒花」もあります。花粉症をひきおこすスギの花粉も、まさに風媒花です。

春本番。木々の葉が開くと、その葉を求めて卵や幼虫で冬を越したガやチョウの幼虫が集まります。開きたての葉は、やわらかくて栄養があるのです。この幼虫たちをねらって、鳥たちも集まります。幼虫は大量に発生するので、ひなに与えるエサとしてちょうどよいのです。シジュウカラなどの小鳥は、芽吹きとともに増える幼虫をあてにして、子育ての時期を調整しているのです。シジュウカラのひなは、親たちがせっせと運ぶ幼虫を食べてどんどん大きくなっていきます。

夏

森に雨が降ると、雨つぶはいったん葉で受けとめられ、しずくとなって落ちたり、枝や幹をたどって地面に到達します。森の土は、落ち葉や腐葉土が厚く積み重なりスポンジのようになっていて、雨はいったんそこでたまります。そして、雨水はゆっくり土に浸透しながら濾過され、きれいな水となって川や地下水に流れ出ます。森が「緑のダム」とよばれるのはそのためです。

その落ち葉をかき分けていくと、落ち葉がだんだん分解され、腐葉土となり、土に返っていくのが観察できます。そこには目に見えない微生物からミミズや昆虫、大きいものではモグラまで、多くの生きものが生きています。ここでは毎年供給され

る落ち葉をスタートに、落ち葉を食べるもの、落ち葉を食べる生きものを食べるものなど、食う―食われるの関係が連綿と続き、それにさまざまな共生関係が加わって、生きものと生きものの関係が網の目のように張りめぐらされた、一大生態系がつくられています。

落ち葉は、最終的にはキノコなどの菌類によって有機物から無機物に分解され、ふたたび樹木の栄養分として吸収されていくのです。

秋

秋になると、夏に花を咲かせた植物の実が熟しています。たとえばヤマザクラやミズキのように赤くておいしい果実をつけている木は、鳥に実といっしょにタネも食べてもらうことでタネを遠くに運んでもらっています。フンに混じってタネがまかれるのです。このようなタネのまきかたを「動物散布」とよびます。つまり、赤い実は鳥たちへの「おいしいえさがあるよ」というシグナルで、そのかわりにタネを運ぶ役目をさせているのです。

みずからが動けない植物たちのくふうのひとつです。この関係も、前述の花の受粉にともなう共生関係と同じものです。木のタネの散布には、動物散布だけでなく、イヌシデやカエデの仲間のようにタネに羽根がついていて、風に乗って遠くに飛び散っていく「風散布」などもあります。

落ち葉の間からいろいろなキノコが顔を出します。色や形だけでなく、生活のスタイルもさまざまで、落ち葉や木材を腐らせるもの、ある決まった樹木と共生関係にあるもの、他の生きものに寄生するものなどさまざまです。

なかでも樹木と共生する菌根菌は、細い木の根を包むように菌糸を発達させ、そこで木から養分をもらって生きています。このキノコは樹木にとってもとても重要で、共生することによって木は、根からの水分の吸収がよくなったり、病原体への抵抗力が高くなったりします。多くの樹木がこれら菌類と共生をしていて、お互いにとってなくてはならない関係になっています。

冬

雑木林の木々はすっかり葉を落としています。日本の樹木が冬に葉を落とすのは、じつは寒さのためではなく、乾燥にたえるためです。太平洋側の冬はとくに乾燥するし、雪の多い日本海側でも水が凍りついたりして、樹木が利用できる水分が少ないのです。そのため、葉からの蒸散を防ぐために、葉を落としてしまうのです。コナラやクヌギも、葉を落とすだけでなく、春に芽吹く芽もかたい芽鱗でおおって、乾燥にたえます。

虫たちも、落ち葉の下で冬眠しています。春から夏には子育てにいそがしかったシジュウカラも、コゲラやヤマガラといったほかの小鳥たちと群れをつくりいっしょに行動しています。それぞれエサの種類やとる場所を微妙に変え、みんながいっしょに行動することで、効率よくエサをとります。そして、群れをつくることでオオタカなどの外敵におそわれないように警戒の目を増やしているのです。これは、群れをつくる利点のひとつです。

木々もそのほかの生きものたちも、みんな厳しい冬をなんとか乗りこえようと、さまざまなくふうをしているのです。

森のルール

森にも守らなくてはならないルールがあります。これは森の環境を維持するためだけではなく気持ちよく遊ぶためのルールでもあります。大人も子どもも、しっかり頭に入れておこう。

森で遊ぶには、いくつか守らなければならないルールがあります。

まずその森がだれのものかということを知らなければなりません。森には所有者がいます。個人や自治体、国など、さまざまです。人里に近い雑木林は、個人が所有している場合も多く、立ち入りそのものも注意しなければなりません。事前に地主に許可をとることも必要です。国立公園などの自然公園では、指定地以外でのキャンプや焚き火、登山道をはずれることなどが規制されているところもあります。動植物の採取も禁止です。動植物の採取に関しては、国立公園ではなくても最低限にしましょう。山の場合、11月15日から2月15日は「猟期」で狩猟者がハンティングのために山にはいるので注意が必要です。

森でのマナーとしては、もちろんゴミを捨てない、出たゴミは自分で持ち帰るのは当然のことです。とくにお弁当の残りなどの生ゴミは、自然に返るからなどと言って土に埋めたりしては、絶対にいけません。野生動物が人間の食べ物の味を覚えてしまうと生態に悪い影響を与えてしまいます。また、人間の食べ物は、薬品や化学物質などが用いられています。そのようなものが野生動物の口に入ると、抵抗力が落ちたりして伝染病の流行も招いたりします。

森で用を足す場合、落ち葉をかき分けて少し土を掘ってそこにして、あとで軽くうめておきましょう。そうすることで自然の分解を早めます。そのとき、使った紙は持ち帰るのが理想です。また、沢のそばなどは、上水道の水源などになっている場合があるので、そのような場所で用を足すのはやめましょう。

森は自分たちだけが遊ぶ場所ではなく、多くの生きものの生息場所であり、地元の人たちが林業やキノコ狩りや山菜採りの場所としても利用しています。森で遊ぶときは、所有者はもとより、ほかの人たちに対する配慮、なにより自然に対しても、自分たちがその場所を借りて遊ばせてもらっているという謙虚な気持ちを忘れないことがたいせつです。

行動の注意

山の中の森で遊ぶ場合、つねに行動時間には気を配りましょう。森で泊まったりするのでなければ、秋から冬では午後2時ぐらい、夏場でも3時から4時には行動をやめましょう。暗くなってしまってもあわてないように、懐中電灯は必需品です。

また、山の天候は変わりやすいので、雨具や防寒具を忘れないようにしましょう。とくに子どもの服装には気を配りたいものです。

森に行くときは、その場所の地図

を準備しましょう。国土地理院の2万5000分の1地形図がおすすめです。とくに登山道や遊歩道をはずれて森の中で遊ぶ場合、地図は絶対に必要になります。人里近くの雑木林は、地形がなだらかで思いのほか迷いやすいもので、注意をしましょう。基本的には、遊びはじめる前に必ず地図とコンパスを使って、自分の位置を確認し、帰路の方角などを調べておきます。そのとき、子どももふくめて全員で地図を見て確認するようにしましょう。地図と実際の森を見て、「あの尾根の向こうには行ってはいけない」とか、おおよその遊ぶ範囲を決めておくのもよいでしょう。

森での危険

危険な生物というのは、それほど多くありません。

いちばん危険なのはスズメバチなどのハチ類です。刺されると、場合によってはひどいアレルギー反応を起こして死んでしまうこともあります。1年間に10人以上の人がスズメバチに刺されて亡くなっています。

スズメバチは8月下旬から10月にかけては、とくに攻撃性も高く危険です。意外と人里近くの林にも棲息しています。ふつう人間が巣に近づくと、まとわりつくように飛んできて威嚇するので、その段階で後ずさりするようにその場を離れましょう。彼らは巣の防衛のために、侵入者を集団で襲うこともあります。万が一そのようなことになったらとにかく走って逃げましょう。刺されてしまったら、毒を吸いだす「ポイズンリムーバー」のような道具があると安心です。刺されたあと、数分内に顔が青ざめたり、呼吸困難になった場合は、すぐに病院に行くこと。そのようなアレルギー反応が出ないときには、抗ヒスタミン剤入りの虫さされ薬を塗っておけば大丈夫。

次に危険なのは、マムシやヤマカガシといった毒ヘビです。攻撃性も低く、死亡事故もほとんどありませんが、万が一咬まれた場合、その対応が遅くなると死亡することもあります。咬まれたら、ヘビの種類を確認して、すぐ病院に行きましょう。ハチに刺されたときにも使う毒を吸い出す「ポイズンリムーバー」があれば安心です。

さわるとかぶれる植物は「ヤマウルシ」「ツタウルシ」「ヌルデ」の3種類です。現地で子どもに実物を見せて、覚えさせましょう。かぶれたら、患部を流水で洗い、抗ヒスタミン剤入りのかゆみ止めを塗り、早めに病院に行きましょう。

そのほか、野外での安全対策は、『レスキュー・ハンドブック』（山と溪谷社）を参照してください。

（右）スズメバチのなかではいちばんふつうに見られるキイロスズメバチ。攻撃性が高いので要注意。
（左）毒を吸いだす「ポイズンリムーバー」

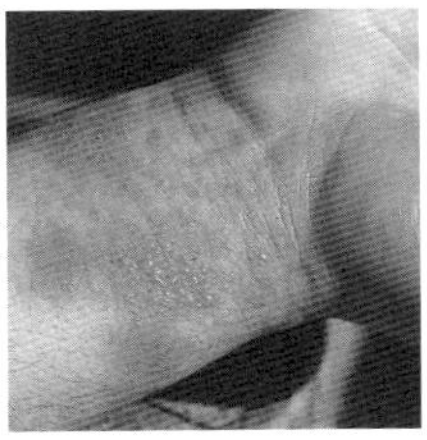

（右）ウルシ。ウルシオールという毒性分をふくんでいて、枝や葉にさわると皮膚がかぶれる。
（左）ウルシにかぶれた腕。気づかないでさわっている場合もあるので注意。

森に持っていく道具

**森を楽しむのにたくさんの道具はいらないけど
自分の身を守るのに必要なものもある。
持っていくと楽しい道具もある。
目的に合わせて、上手に道具を選びましょう。**

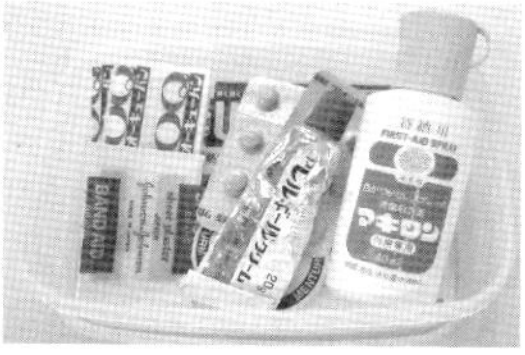

ぜひ持っていこう

基本の服装は、長袖・長ズボンに帽子をかぶる。長靴も便利。紫外線や注意を要する生物（ハチ類・カ・ウルシなど）、けがなどから体を守るために必要。着がえを持っていれば気がねなく活動できる。暑ければそでをまくればいい。チャックで半そで、半ズボンにできる便利な服もある。風が強いときのためにはウィンドブレーカー、寒さ対策としては手袋や防寒具を。

弁当・水とう・おやつ
できるだけゴミの出ないものを！割れないカップもあると便利。

カサ・雨具
雨具は上下別々のものがいい。

手ぬぐい

ポケットティッシュ

軍手

救急用具
基本3点セットは消毒薬・救急絆創膏・虫さされの薬（抗ヒスタミン含有のステロイド軟膏がよい）。毒を吸いだす道具（ポイズンリムーバー）も便利。

敷物
お尻の下に敷くマット、寝ころぶにはキャンプシートくらいの大きさのものを！　集めたものを並べるのにも便利。無地のものがよい。

地図
トレイルマップなど。ネイチャーセンターでも入手できる。

懐中電灯
万が一暗くなってしまったときに必要。穴をのぞいたりするのにも使う。電池は新しいものを。予備の電池もあるとよい。

時計
アナログの時計を使えば太陽の位置がわかるし、方位もわかる。ストップウォッチの機能や高度計、月齢などがわかるものもある。

携帯電話
電波が入らない場所も多いが、万が一の連絡に便利。私は、観察したことを自分のパソコンに送信して保存するのにも使っている。

ザック
荷物をひとつに入れて、手をあけて歩けるようにしよう。

観察基本道具

何も持っていなくても楽しむことはできる。でも、いろいろと持っていくとより楽しくなる。

ルーペ

双眼鏡

デジカメ
記録用に使う。

フィールドノート
記録用のノート。野帳ともいう。

筆記用具
3色ボールペンと鉛筆を用意しよう。小雨のときには鉛筆のほうがよい。濡れても書ける紙（ユポ紙のノート）もある。細めの油性の黒フェルトペンは拾ったものに直接データを記入するのに便利。

ビニール袋
拾ったものを入れるのに使う。ジッパーがついているとよい。買い物でもらったビニール袋もたくさん入れるのに便利。

フィルムケース
小物で形をくずしたくないものを入れるのに便利。たとえば動物のフンなど。

図鑑類
車で近くまでいけるなら、ひとそろい持っていこう。森の観察のための本なども便利。

クリップボード
紙をはさんで、観察したことを記入するためのボード。

ワークシート
観察したことを記入するスペースがある自然観察の資料。自然教育研究センターにお問い合わせを！

持っていくと楽しい道具

メジャー
なんでも計っちゃおう。

ピンセット
手ではつかめないものをつかむ。園芸用の大きなピンセットが便利。

スケッチの道具
色鉛筆や簡単な絵の具。

捕虫網
折りたたみ式が便利。

虫かご
プラスチックの飼育水槽も便利。

カメラ

星図盤
夜まで滞在するならあるといい。

望遠鏡
三脚もセットで。

実体顕微鏡
ニコンの「ファーブル」が便利。

温度計
棒温度計を割れないようにして持っていこう。水や土の温度や気温を記録しよう。

コウモリ探知機
必要な方は、自然教育研究センターにお問い合わせを！

GPS測定器
緯度・経度を出すもの。最近は安くていいものがでている。

高度計
山歩きでは、地図上から位置を知るときに便利。

ルアーボックス
いろいろと分けて採取するのに便利。プログラムにも使える。

クラフトボックス
ナイフ、ボンド、ペンチ、紐など、ちょっとした道具をひとつにまとめて入れておくと便利。ポスターカラーのフェルトペンもひとそろい入れておくとストーンペイントなどに使える。

キャンプ道具
テント、シュラフ、マットなど。ハンモックや蚊取り線香なども便利。その他食事をつくるための道具類も。調味料など小分けにして持っていると便利。

読みたい本
のんびりするときにはあるといい。森の中では詩集がおすすめ！

お湯をわかす道具
携帯のできる簡単なものがある。

石膏
足型をとったりするのに便利。紙コップと水、かきまわす棒も忘れずに。

雪上観察の道具
スノーシュー、クロスカントリーのスキーなど。

簡単な録音機
森の音を取材するのに使えるかもしれない。

＊なにはなくとも、森の不思議を探し出す「感性」は忘れずに！

ネイチャーセンターをたずねてみよう

ネイチャーセンターは自然観察のための楽しくて役に立つ施設です。行事に参加してみませんか?

森にいきなり行っても、どんな地形になっているのか、どんなコースがあるのか、どんな自然があるのかわからない、という不安は残るでしょう。そのような人たちのために、日本中にたくさんの自然体験の拠点施設（ネイチャーセンター）が設置されています。

ネイチャーセンターでは、その地域の自然の情報や季節の自然のトピックスを教えてくれたり、自然体験の指導をしてくれたりします。自然体験のさいに注意すべきことなどについても教えてくれます。

館内には楽しい展示があって、自分で勉強することもできます。いろいろな印刷物を準備してあり、セルフガイドでネイチャートレイルを歩けるようになっています。自然観察会や自然教室などの行事を定期的に

関東	東京都高尾 ビジターセンター	高尾山の山頂にあり、ネイチャートレイルには、解説板やセルフガイドが準備されている。	東京都八王子市 **0426-64-7872**
	東京港野鳥公園	東京湾の浅瀬の埋立地に残る自然のサンクチュアリ。干潟の自然も観察できる。	東京都大田区 **03-3799-5031** http://www.tptc.or.jp/yacho/y_top.htm
	足立区都市農業公園 自然環境館	都市公園の身近な自然のおもしろさに気づいてもらう方法を紹介している。	東京都足立区 **03-3853-8010** http://www.kankyo-kan.or.jp/
	横浜自然観察の森 自然観察センター	４つのネイチャートレイルがあり、観察小屋や野外解説板が設置されている。	神奈川県横浜市 **045-894-7474** http://www.be.wakwak.com/~wbsjsc/141/
	宮ヶ瀬 ビジターセンター	丹沢の自然を紹介。他にも、丹沢湖VC（tel:0465-78-3888）、秦野VC（tel:0463-87-9300）がある。	神奈川県愛甲郡清川村宮ヶ瀬 **046-288-1373** http://www.kanagawa-park.or.jp/miyagase/
	ワンダーシップ 環境エネルギー館	「循環」「意識」「エネルギー」「行動」という４つのテーマの展示や解説活動をおこなっている。	神奈川県横浜市 **045-505-5700** http://www.wondership.com/
中部	八ヶ岳 自然ふれあいセンター	KEEP協会内にあるネイチャーセンター。トレイルごとのセルフガイドがあり充実している。	山梨県北巨摩郡高根町清里 **0551-48-2900** http://www.keep.or.jp/FORESTERS/
	星野リゾートピッキオ	軽井沢星野エリアにある民間が運営しているネイチャーセンター。調査の情報をもとに行事を実施。	長野県北佐久郡軽井沢町 **0267-45-7777** http://www.hoshino-area.jp
	上高地 ビジターセンター	上高地の自然を楽しみたければ、まず立ち寄ることをお勧めする。11月中旬から４月下旬休館。	長野県南安曇郡安曇村上高地 **0263-95-2606** http://www1.neweb.ne.jp/wa/kamikochi/top.html
	妙高高原 ビジターセンター	妙高高原の自然体験の拠点。冬の雪上観察も楽しい。	新潟県中頸城郡妙高高原町 **0255-86-4599**
	田貫湖ふれあい自然塾	富士山や田貫湖の自然を紹介する楽しい展示や自然情報のほか、体験プログラムを毎日実施。	静岡県富士宮市 **0544-54-5410** http://www.tanuki-ko.gr.jp/
	国営木曽三川公園 河川環境楽園自然発見館	東北北陸自動車道川島PAから直接入園が可能な河川環境楽園にあるネイチャーセンター。	岐阜県羽島郡川島町 **0586-89-7022** http://www.hakkenkan.go.jp
近畿・中国	栗東自然観察の森	森の指導員が常駐。四季折々の自然について、ビデオ、スライド、展示物等で情報を提供している。	滋賀県栗東市 **077-554-1313** http://www2.city.ritto.shiga.jp/mori/
	朽木 いきものふれあいの里	気軽に森の中へ出かけ、朽木の豊かな自然、さまざまな動植物とふれあうことのできる施設。	滋賀県高島郡朽木村 **0740-38-3110** http://www.biwa.ne.jp/~k-fureai/
	法然院森のセンター	大文字山と、その麓の法然院の森で自然が楽しめる。ムササビ観察会や樹木ウォッチングを実施。	京都府京都市左京区 **075-752-4582**
	姫路自然観察の森	瀬戸内沿岸の里山林がフィールド。身近な自然に親しみ、自然をたいせつにする気持ちを育む。	兵庫県姫路市 **0792-69-1260** http://www.be.wakwak.com/~wbsjsc/281/
	京エコロジーセンター	ゴミ問題、エネルギー問題をはじめ、京都ならではのエコロジーを体験的に学べる。	京都府京都市 **075-641-0911** http://www.miyako-eco.jp/
	三瓶自然館サヒメル	大山隠岐国立公園、三瓶山地区の豊かな自然を紹介。天体観察も楽しい。	島根県大田市三瓶町 **0854-86-0500** http://www2.pref.shimane.jp/sanbe/
九州	油山自然観察の森	フィールドとして森林、渓流、公園など多様な自然環境がある。自然体験プログラムも豊富。	福岡県福岡市 **092-871-2112** http://www.mori-midori.com/machikado/aburayama/index.html
	屋久島 環境文化研修センター	屋久島の素晴らしい自然を素材に五感をフルに使った環境学習プログラムを提供している。	鹿児島県熊毛郡屋久町 **0997-46-2900** http://www.yakushima.or.jp/

実施しているところもあります。

まずは、ネイチャーセンターがおこなっている行事に参加してみませんか。自然体験の入り口として、おすすめです。

下の表は、全国の主だったネイチャーセンターを紹介したものです。このほかにも、日本各地にたくさんのネイチャーセンターがあります(ページの関係で、とても全部は紹介しきれませんでした)。

また、センターのような建物はないけれども、自然体験活動を実施している組織が、最近たくさん誕生しています。ホームページなどで、住んでいる地域にあるこれらの組織の情報を探してみてください。おもしろい活動や楽しい行事をおこなっているかもしれませんよ。

まずは、気軽に連絡をしてみましょう。ふらりとたずねてみましょう。気に入った行事があれば、参加してみましょう。あなたにとっての新しい世界が開けるはずです。

*下のネイチャーセンターのデータは、2003年4月現在のものです。変わる場合もありますので、出かける前に必ず確認してください。

全国のネイチャーセンター

北海道	知床自然センター	知床の自然を楽しむなら、まず訪れよう。知床の自然のようすや自然体験の情報をゲットできる。	北海道斜里郡斜里町 01522-4-2114 http://www.shiretoko.or.jp/
	根室市春国岱原生野鳥公園ネイチャーセンター	野鳥をはじめとする野生動植物の宝庫である春国岱の自然を案内してもらえる。	北海道根室市 0153-25-3047 http://www.marimo.or.jp/~nemu_nc/workn/
	川湯エコミュージアムセンター	阿寒国立公園川湯を拠点に自然体験プログラムを実施している。	北海道川上郡弟子屈町川湯温泉 01548-3-4100
	温根内ビジターセンター	釧路湿原を訪れる人たちの情報ステーション。ビジターセンターから3.1kmの遊歩道が延びている。	北海道阿寒郡鶴居村 0154-65-2323 http://city.hokkai.or.jp/~kkr946/k02.html
	NPO ひがし大雪自然ガイドセンター	NPO 法人のネイチャーセンター。訪れてくる人びとに大雪の自然を伝えている。	北海道上士幌町糠平　糠平温泉 01564-4-2261 http://www.netbeet.ne.jp/~shizen/
	然別湖ネイチャーセンター	然別湖周辺の自然体験学習メニューがある。民間会社が運営。	北海道河東郡鹿追町然別湖 01566-9-8181 http://go.to/shikaribetsu
	野幌森林公園自然ふれあい交流館	野幌森林公園の自然の展示と自然体験の行事あり。	北海道江別市 011-386-5832 http://www6.ocn.ne.jp/~fureai-k/
	(財)日本野鳥の会ウトナイ湖サンクチュアリネイチャーセンター	日本野鳥の会が日本で最初にサンクチュアリに指定。ウトナイ湖の野鳥をガイドしてくれる。	北海道苫小牧市 0144-58-2505 http://www.be.wakwak.com/~wbsjsc/011/index.html
東北	仙台市太白山自然観察の森	里山の自然体験で生きものたちとふれあえる。毎週日曜日にはガイドウォークを実施している。	宮城県仙台市 022-244-6115
	蔵王野鳥の森自然観察センター(ことりはうす)	パラボラマイクによるバードウォッチングの疑似体験や、野鳥の子育てを観察できる。	宮城県刈田郡蔵王町遠刈田温泉 0224-34-1882
	山形県立自然博物園	ブナやミズナラのみごとな林の中を通るネイチャートレイルが歩ける。冬期休館。	山形県西村山郡西川町大字志津字姥ヶ岳 0237-75-2010
	福島市小鳥の森ネイチャーセンター	施設に隣接する阿武隈川には親水公園があり、年間をとおして野鳥が観察できる。	福島県福島市 024-531-8411 http://www.be.wakwak.com/~fukusima/index.html
	尾瀬沼ビジターセンター	尾瀬沼の湿原をフィールドとした自然観察会を実施している。冬期休館。	福島県南会津郡檜枝岐村字燧ケ岳 027-220-4431(尾瀬保護財団) http://www.oze-fnd.or.jp
関東	尾瀬山の鼻ビジターセンター	山の鼻周辺をフィールドとして、朝夕の自然観察会を実施している。冬期休館。	群馬県利根郡片品村大字戸倉 027-220-4431(尾瀬保護財団) http://www.oze-fnd.or.jp
	桐生自然観察の森	山林内にのべ3.4kmの観察路があり、4カ所の観察舎とネイチャーセンターがある。	群馬県桐生市 0277-65-6901
	日光湯元ビジターセンター	日光湯元周辺をフィールドに自然観察会を実施している。	栃木県日光市 0288-62-2321 http://www.bes.or.jp/nikko/vc/
	牛久自然観察の森	セルフガイド、展示が充実。施設内の自然文庫には、自然に関するさまざまな書籍がある。	茨城県牛久市 029-874-6600 http://www.city.ushiku.ibaraki.jp/section/kansatsu/index.htm
	あらかわビジターセンター	荒川県民休養地にあり、道の駅が隣接する。遊び心溢れた展示物がみもの。	埼玉県秩父郡荒川村 0494-54-2014 http://www.pref.saitama.jp/A09/BD00/arakawavc/
	山のふるさと村ビジターセンター	奥多摩湖の近くにある。インタープリターによる自然体験プログラムや、展示が充実している。	東京都西多摩郡奥多摩町 0428-86-2551 http://www.ces-net.jp/yamafuru/
	檜原都民の森	ブナ林のある三頭山の中腹にある、三頭滝や三頭沢のトレイルが楽しめる。	東京都西多摩郡檜原村 042-598-6006 http://www.tokyo-aff.or.jp/morimori/hinohara

森で環境教育

「センス・オブ・ワンダー」をたいせつにし、いっしょに感動を分かちあうこと。これが環境教育プログラムの基本です。

環境教育と センス・オブ・ワンダー

環境教育では、まず自然の中でいろいろなものを発見することができる感性がたいせつです。こういった感覚を、「センス・オブ・ワンダー」とよんでいます。「神秘さや不思議さに目をみはる感性」という意味です。

センス・オブ・ワンダーは、『沈黙の春』という本を書いたアメリカのベストセラー作家でもあり海洋学者でもあるレイチェル・カーソンが、その晩年に女性誌に掲載した文章を本にしたものです。

……生まれつきそなわっている子どもの「センス・オブ・ワンダー」をいつも新鮮にたもちつづけるためには、わたしたちが住んでいる世界のよろこび、感激、神秘などを子どもといっしょに再発見し、感動を分かち合ってくれる大人が、すくなくともひとり、そばにいる必要があります。……

この本には、子どもが自然に接するときに、親や大人がどのように対応したらよいのかが、詩的な文章で描かれています。

……わたしは、子どもにとっても、どのようにして子どもを教育すべきか頭を悩ませている親にとっても、「知る」ことは「感じる」ことの半分も重要ではないと固く信じています。……

『センス・オブ・ワンダー』には、私たち環境教育を実践している者がメッセージにしたい言葉があちこちに登場してきます。

……美しいものを美しいと感じる感覚、新しいものや未知のものにふれたときの感激、思いやり、憐れみ、賛嘆や愛情などのさまざまな形の感情がひとたびよびさまされると、次はその対象となるものについてもっとよく知りたいと思うようになります。そのようにして見つけ出した知識は、しっかりと身につきます。……

子どもたちに対して、この本に書かれているような関わりかたをすることが、まさに環境教育のプログラムだといってもいいと思います。くどくどと解説するよりも、この本をたくさんの人にぜひ読んでほしいと思います。

＊引用は『センス・オブ・ワンダー』（新潮社刊）から。

環境教育は 子どもだけのもの？

『センス・オブ・ワンダー』では、子どもに対する大人の態度について書かれています。環境教育というと子どものために扱われることが多いと感じられるかもしれませんが、必ずしも環境教育は子どもだけが対象なのではありません。幼児からお年寄りまで、すべての人が対象として考えられるべきでしょう。

大人が対象になる場合は、大人にとってのセンス・オブ・ワンダーは何かを考えることです。それは、森の自然について知るという知的好奇心かしれませんし、森の不思議をひも解いていくような、物事を論理的に考えることかもしれません。あるいは絵を描くことや、俳句を読むこと、森の材料で工作するような表現に関することかもしれません。こういったことをテーマにした活動は、大人でも十分に興味をひくことでしょう。

大人にとっても、五感を使って発見する、という感性的な活動はとてもたいせつです。子どものころに、たっぷりと感性をはたらかせる体験をしないで大人になってしまった場合には、まず森の中でおもしろいことや楽しいこと、不思議なことなどを発見する練習をするとよいでしょう。

大人になると、自然や社会に対す

る価値観を固めてしまっていることが多いものです。そうなると、価値観を変えることはけっこう難しくなります。自分から、体験から学ぶということを忘れてしまって、環境教育は指導者が教えてくれるもの、と勘違いしてしまうこともあるのでしょう。

日常の忙しさにまぎれて、自分から気づいたり、学んだりすることの楽しさを、どこかに置き忘れてしまうのです。その意識を少しずつ変えていくことが、大人向けの環境教育のはじまりです。

意識を変えていくためには、やはりセンス・オブ・ワンダーのような感性と、ほんの少しの勇気と決断が必要です。そのために、知識を分け与えることや、価値観を押しつけることは、環境教育にとってあまり効果がないことを、指導者は知るべきです。

大人向けの環境教育に関わる指導者は、大人が楽しいと思う森の自然体験の機会をつくることから始めましょう。この本からそういったメニューを探しだしてください。

指導者自身が、楽しむことも忘れずに……。

環境教育はだれでもできる

自然のことをよく知らないと自然体験活動はできない、と思わないでください。

環境教育や自然体験活動は、自然の知識を得ることではありません。それよりも、自然の中で過ごすことが楽しく感じられるようになることのほうが、なん倍もたいせつです。自然の中でのさまざまな体験を通して、自分がもっている、自然を楽しむことのできる能力に気づくお手伝いをすること、それが環境教育のプログラムだといってもいいでしょう。

環境教育は、自然など環境について教えることではなく、自然や身のまわりの環境を素材とした活動を通して、「自分がもっている能力を最大限に発揮して生きていける人を育てる教育活動」という表現がなされることもあります。私たちがもっている能力を使って、みんなといっしょに自然を楽しんだり、自然の中から、みずから何かに気づいたり学んだりすることができるようになること、それが環境教育の目的なのです。

環境教育では、「楽しく学ぶこと」「互いに学ぶこと」「体験から学ぶこと」をたいせつにしています。自然に詳しい人が自然のことを教えるのではなく、みんなでいっしょに自然体験活動をおこなって、その体験のなかから楽しみながら、おたがいに学びあうことを目指しています。

この本では、森の中でできるいろいろな自然体験のメニューを紹介しました。どれも簡単に、だれにでもできるメニューです。こういった自然体験活動を実施し、感じたことや思ったことを紹介しあうことで、価値観が多様であること、多様でいいんだということに気づくでしょう。

指導者のちょっとしたコツ

指導者や引率者にあたる人は、参加者が活動をおもしろがるように「うながすこと」、参加者の反応を「うけとめること」、そして、参加者が活動しているときに「いっしょにいること（ウィズ）」を、ちょっとだけ気にしてください。この3つが、環境教育の指導のコツだと思ってください。

自然の知識が豊富でなければ、指導者になれないわけではありません。ただし参加者に感じてほしい「センス・オブ・ワンダー」をほんの少し参加者よりもたくさんもっていることは必要かもしれません。鳥や植物の名前を知っていれば、活動はより楽しくなるでしょう。でも、だれでも最初から自然のことをたくさん知っているわけではありません。興味がわいた自然については、図鑑を持っていって、参加者といっしょに調べればいいのです。

ですから、環境教育をけっして難しく考えないでください。この本に書いてあるような活動メニューを参加者といっしょに楽しみながら実施してみてください。活動をしている間に、参加者がもっている能力が発揮される瞬間があるはずです。その瞬間を見逃さずに、上手に声をかけてあげることがたいせつです。

だれでも、何かを発見したり学んだりしたときには、そのことについて他の人に話したくなるものです。そういうときには、徹底的に聞き役にまわりましょう。子どもにとっての大人の役割、参加者にとっての指導者の役割は、「うながす」「うけとめる」「ウィズ」の3つのUであることを忘れずに！

環境教育のこれから

環境教育における環境

環境教育で扱う素材は、植物や昆虫、野鳥、哺乳類などのような生物ばかりでなく、土や水、岩石、地質のような無生物も対象とします。また、森林や海、川といった生物と無生物のような「まとまり」も対象にしています。さらに、私たちの毎日の生活に関するもの、つまり私たちの身のまわりのものがすべて「環境」として扱われます。場合によっては、私たちが生きている社会も、生きていくうえでなくてはならないものイコール環境、といえるでしょう。

環境は、言ってみれば私たちをとりまくものすべて、私たちが存在するのに必要なものすべて、と表現できます。じつは、私たち自身も環境の一部であることも忘れてはいけません。私たちは、他の人や他の生きものたちとっての環境でもあるのです。自分のまわりの環境を「外なる環境」、自分自身を「内なる環境」ということもあります。両方の環境を意識し、自分の能力を最大限に発揮して対応することができれば、そこにはきっと「共生」という道が開けているはずです。最終的には、地球全体の環境も意識できるようになれるといいですね。

環境教育のめざすところ

「自分の能力を最大限に発揮して環境に対応できる人」が増えること、これが環境教育のめざすところです。

環境教育は自然保護をめざしているのではないか、と考えている人もいるかもしれませんが、必ずしもそうではありません。環境教育では、環境への対応についてはあくまでもニュートラルで、判断するのは参加者、という立場をとります。

私たちが環境に対する能力を発揮していくのにも、段階があります。おもしろいこと、楽しいこと、不思議なことを発見する、という活動を通して、「みずから問題を発見する能力」を伸ばすのが環境教育の目標の第1段階です。何かまちがっているんじゃない？　と気づく能力です。

次には、なぜそうなっているのかをみずから知ることができることを目指します。「みずから理由を知る能力」です。教えてもらうのではなく、みずから、というのがミソです。そのためには、自然や現象をよく観察することが必要になります。

さらに第3段階としては、それではどうしたらいいか、という代替案をつくりだせる能力です。そのために、たくさんの事例を知ることや、オリジナルに計画をしていけるような活動が必要となるでしょう。「みずから判断し、計画する能力」です。

そして最終的には、「みずから決断し、行動できる能力」が目標となります。能力をもっていても使わなければもったいないでしょう。わかっているけれども行動できない（価値観を変えられない、日常生活を変えられない）という人は多いかもしれません。

私たちもこの状況をどのように変えていったらいいのか、環境教育としてどのような活動をしたらいいのかを、考えています。環境教育はまだまだこれから発展し、成長していく活動でもあるのです。

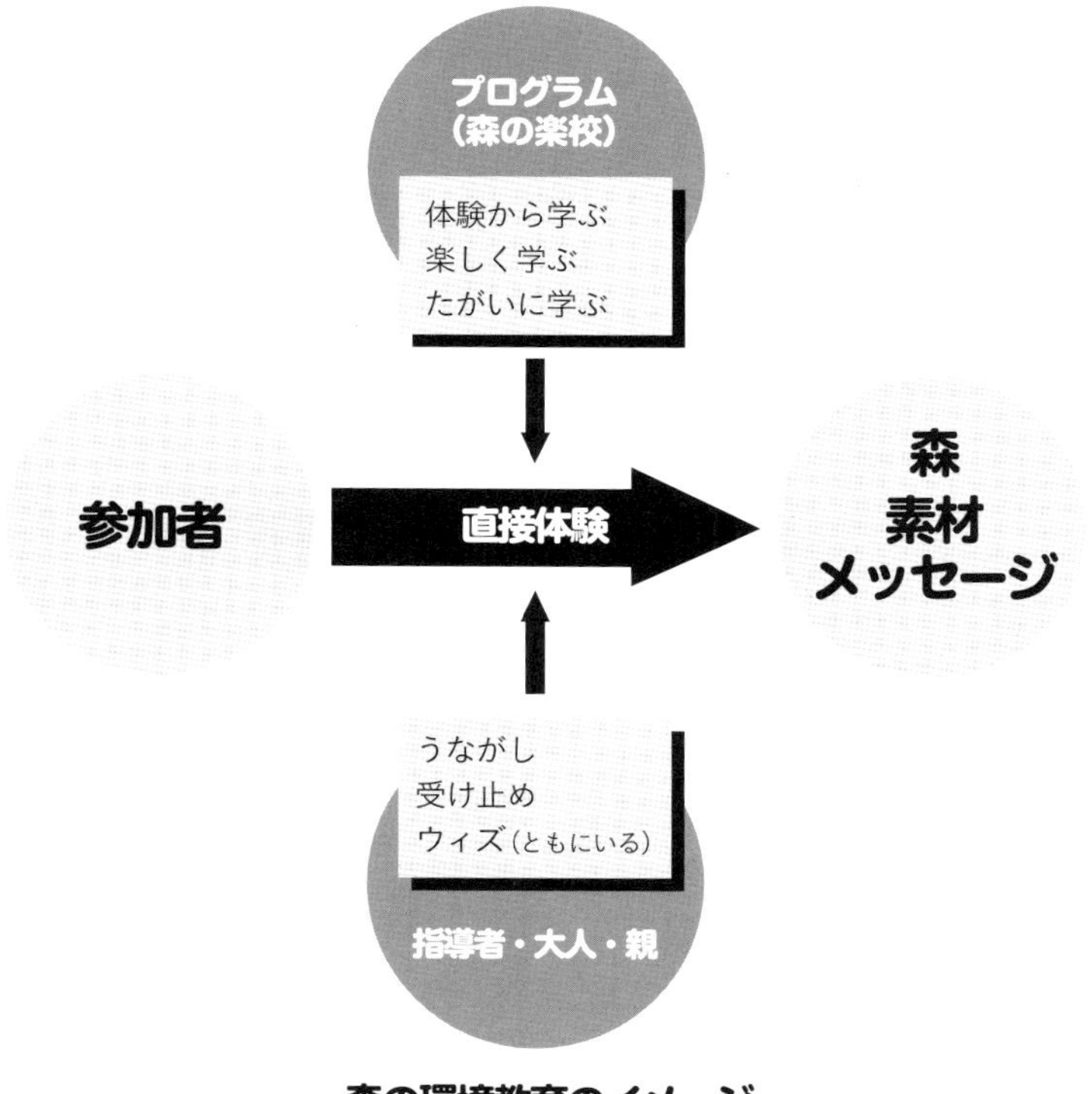
プログラム（森の楽校）
体験から学ぶ
楽しく学ぶ
たがいに学ぶ
参加者
直接体験
森
素材
メッセージ
うながし
受け止め
ウィズ（ともにいる）
指導者・大人・親

森の環境教育のイメージ

森の楽校図書室

森の自然ナビゲーターと言えば〝図鑑〟。
でも、生きものの図鑑には多くの種類があって、
どれがいいのかさっぱりわからない。
ここでは「おすすめの生きもの図鑑」
を紹介しましょう。

日本の野鳥 羽根図鑑
笹川昭雄著　世界文化社発行
本体価格7,573円　Ｂ５判p.304
森で鳥の羽根を拾ったとき、そこから鳥の名前がわかるというのは画期的だ。本書は、日本の野鳥162種類の約3000枚の鳥の羽根を描いた大図鑑。基本的に原寸大で描かれており、見ているだけでも楽しい。

フィールドガイド 足跡図鑑
子安和弘著　日経サイエンス社発行
本体価格1,456円　新書判p.184
野生動物にはなかなか出合えないが、フィールドサインなら発見できる可能性が高い。本書は、哺乳類31種類の足跡とフンをイラストで紹介。ヌートリアやノイヌといった移入種や野生化した種類も含んでいるので便利だ。

POINT図鑑 花の顔
実を結ぶための知恵
田中 肇著　山と溪谷社発行
本体価格1,900円 Ａ５変型スリム判p.192
花に超アップ写真で迫り、花粉を媒介する昆虫たちの姿もとらえた図鑑。花と虫たちの共生関係を知るのに最適だ。巧妙な植物の戦略に驚くだろう。野外に持ち出すというよりも、家でじっくり読もう。

山溪ハンディ図鑑２ 山に咲く花
畔上能力編解説　山と溪谷社発行
本体価格2,800円　Ａ５変型判p.592
低山帯から亜高山帯までに自生する野草1169種類を紹介。最大の特徴は超アップ写真。まさにルーペでのぞいた世界が再現されている。小さな花の意外な美しさに感動することまちがいなし。植物図鑑としては中・上級者向け。

自然観察シリーズ 野や庭の昆虫
中山周平著　小学館発行
本体価格2,250円　Ｂ６変型判p.360
古くからあるイラストの昆虫図鑑だが、「タンポポにくる虫」や「クヌギにくる虫」というように、その昆虫が見られる植物別の構成になっているのが特徴。ただ、植物の名前がわからないとちょっと使いにくいかも。

森の休日２ 探して楽しむ
ドングリと松ぼっくり
平野隆久写真　山と溪谷社発行
本体価格1,600円　ＡＢ判p.96
“森の拾いもの”と言えばやっぱりドングリや松ぼっくり。この本はそんな森の宝物が勢ぞろい。スタジオで撮影された美しい写真で構成され、見ていて楽しいだけでなく、図鑑としても使える仕上がりになっている。

原寸イラストによる 落葉図鑑
吉山 寛著　文一総合出版発行
本体価格2,500円　Ａ５変型判p.374
落葉とは言っても、色が付いているわけではなく、１色の線画で描かれた樹木の葉っぱの図鑑だ。写真ではないので葉っぱの質感はわかりにくいが、原寸で描かれており、葉脈のようすもよくわかり、使いやすい。600種類の樹木を紹介。

山溪ハンディ図鑑３～５ 樹に咲く花
茂木 透写真　山と溪谷社発行
本体価格各3,600円　各Ａ５変型判p.720
全３冊の樹木図鑑。花や葉だけでなく、実やタネ、樹皮や冬芽など、あらゆる樹木の写真がつまっている。樹木図鑑としてとてもすぐれている。野外で持ち歩くには少々重いが、書斎には備えておきたい。

著者

小林 毅（こばやし・たけし）

1957年茨城県日立市生まれ。大学では動物行動学を学ぶ。学生時代から動物園でのガイドや野生動物の保護活動、子ども自然教室のリーダーなどのボランティア活動を実践。1983年に日本自然保護協会に就職し、高尾ビジターセンターでインタープリター（自然解説員）としての活動を開始。1989年からは自然教育研究センターのスーパーバイザーとして森の動物観察や子どもたちの自然教室を行ないながら、環境教育指導者の研修会の講師などを務める。共著に『動物観察マップ関東版』（日経サイエンス社）、『奥多摩自然観察ハンドブック』（自由国民社）、『日本型環境教育の提案』（小学館）など。

この本に協力してくれた方たち

自然教育研究センター 〒190-0022 東京都立川市錦町2-1-22 http://www.ces-net.jp
東京都山のふるさと村 〒198-0022 東京都西多摩郡奥多摩町川野1740
神戸 力、中野海生、松橋利光、名栗小学校（撮影協力）

写真＝姉崎一馬、海野和男、岡野朋之、奥田高文、松尾洋子、
村山嘉昭、望月 久、長野修平、高橋 修、瀧渡尚樹、
平野義昭、安田 守、荘司たか志、菊池哲男、OPO、
ネイチャー・プロダクション（飯村茂樹、石江 進、今森光彦、
木下哲夫、栗林 慧、中川雄一、埴 沙萠、目黒誠一、和田剛一）、
ニムオロ自然教室実行委員会東京、小林 毅
イラスト＝横山テルミ、荒井真紀、野口郊美
アートディレクション＝細山田光宣（細山田デザイン事務所）
本文デザイン＝奥山志乃（細山田デザイン事務所）
校正＝星野あけみ（鴉鷺工房）
編集＝岡山泰史、なかのひろみ、神谷有二

自然と遊ぼう
森の楽校

2003年5月15日 初版第1刷発行

著　者 小林 毅
発行人 川崎吉光
発行所 山と溪谷社©
東京都港区芝大門1-1-33 〒105-8503
☎03-3436-4020（出版部）
☎03-3436-4055（営業部）
振替00180-6-60249
http://www.yamakei.co.jp
印刷所 凸版印刷株式会社
製本所 株式会社 明光社

ISBN4-635-52032-3

落丁本、乱丁本はご面倒ですが、小社営業部にお送りください。
送料小社負担にてお取り替えいたします。定価はカバーに表示してあります。